JN313167

幼児教育と保育のための
発達心理学

小池庸生・藤野信行　編著

松田侑子・井出麻里子・佐野智子・河野千佳
丸林さちや・荒牧美佐子・柳　　晋
共著（執筆順）

建帛社
KENPAKUSHA

はしがき

　2008（平成20）年に保育所保育指針が改定された。それを受けて，保育士養成課程のカリキュラムが改正され，2011（平成23）年度より実施された。新しいカリキュラムでは，発達心理学と教育心理学を統合して，そこに精神保健と小児保健をも含みうる科目として，「保育の心理学Ⅰ・Ⅱ」が新設された。そのため，これまで多くの保育者を目指す方々にお読みいただいた『乳幼児の発達と教育心理学』の大幅な改訂を行うこととなり，本書『幼児教育と保育のための発達心理学』を刊行することとなった。

　幼児を取り巻く環境は，保育所（園）だけでなく幼稚園をも含めて大きく変化しており，幼保一体化の流れの中で「こども園」の創設も始まろうとしている。保育所（園），幼稚園，こども園，のいずれの施設においても子どもに関わる人たちが必要であり，そのような人たちの養成には，子どもたちの発達についての理解が必要なことはいうまでもない。そこで，保育士・幼稚園教諭いずれにも必要となる「発達心理学」という言葉を残して本書の題名とした。

　本書は，幼稚園教諭免許と保育士資格の両方を取得しようとする人たちのために書かれたものである。『乳幼児の発達と教育心理学』の内容を踏襲しながらも，新たな視点で子どもたちの発達現象を解説する内容となっている。また，著者の方々から，各章でよく理解してほしい点や教えるときに力をいれてほしい点などを「学びのポイント」として書いていただいたこと，最終章に幼児教育者・保育者養成の関係者による現場の実態などについての対談を設けたことなどの試みも加えて，学生だけでなく保育に関心のある読者にも十分に参考となるものとなったと思われる。

　執筆をしていただいた先生方には，心より感謝を申し上げるとともに，賢察な読者諸兄のご批評をいただければ幸いである。

2012年4月

　　　　　　　　　　　　　　　　　　　　　　　　　　　編者　小池　庸生

目　次

第1章 発達と教育・保育を学ぶ … 1
1. 発達を学ぶ意義 … 1
2. 発達の概念 … 1
3. 発達を見る立場 … 2
4. 変化・変容の型 … 2
5. 発達の原理 … 3
6. 発達の要因 … 4
   - (1) 遺伝説（成熟説）── 4
   - (2) 環境説（学習説）── 4
   - (3) 輻輳説 ── 5
   - (4) 相互作用説 ── 5
7. 発達段階 … 5
8. 発達課題 … 6
9. 発達心理学の研究法 … 7
   - (1) 発達理解の方法 ── 7
   - (2) 発達評価の方法 ── 7

- ●コラム 「初期経験と臨界期」… 10

第2章 発達の理解① ─乳児期まで … 11
1. 受精から誕生まで─胎生期─ … 11
   - (1) 胎生期の分類 ── 11
   - (2) 胎児に悪影響をもたらすもの ── 13
   - (3) 誕生のとき ── 14
2. 新生児期・乳児期 … 14
   - (1) 赤ちゃんは無力？── 14
   - (2) 知覚の発達 ── 15
   - (3) 運動機能の発達 ── 17
   - (4) 感情の発達 ── 18
   - (5) 自己の発達 ── 20
   - (6) 認知発達 ── 21
   - (7) 言葉の発達 ── 22
   - (8) 人との関わりの発達 ── 24

- ●コラム 「カンガルーケア」… 28

第3章 発達の理解② ─幼児前期 … 29
1. 身体と運動機能の発達 … 29
   - (1) 身体の発達 ── 29
   - (2) 運動機能の発達 ── 30
2. 感覚・知覚の発達 … 31
   - (1) さまざまな知覚能力の発達 ── 31
   - (2) 幼児前期に特有の知覚 ── 32
3. 言葉の発達 … 33
   - (1) 話し言葉の発達 ── 34
   - (2) 幼児の言葉の特徴 ── 35
4. 認知・思考の発達 … 36
5. 基本的生活習慣の確立と自我の発達 … 37
   - (1) 基本的生活習慣の確立 ── 37
   - (2) 自我の芽生えと反抗期 ── 38

- ●コラム 「三歳児神話について」… 40

第4章 発達の理解③ ―幼児後期 …… 41

1. 身体と運動機能の発達 …… 41
   - (1) 身体の発達 ―― 41
   - (2) 運動機能の発達 ―― 42
   - (3) 表現の発達 ―― 42
2. 言葉とコミュニケーションの発達 …… 46
   - (1) 言葉の発達 ―― 46
   - (2) 言葉の機能 ―― 47
3. 認知の特徴 …… 48
   - (1) 直観的思考 ―― 48
   - (2) 心の理論 ―― 50
4. 社会性の発達（遊びの中で身に付く社会性）…… 51
   - (1) 遊びの発達 ―― 51
   - (2) 自己制御機能 ―― 51

●コラム 「レジリエンスと自尊感情」 …… 53

第5章 発達の理解④ ―児童期（卒園した子どもたち　学校への第一歩）…… 55

1. 児童期とは …… 55
   - (1) 幼児期に続く児童期という時期 ―― 55
   - (2) 初めての学校生活 ―― 55
   - (3) 小学校になじめない子どもたち ―― 56
   - (4) 保育所・幼稚園と小学校との連携 ―― 57
2. 児童期の身体的発達 …… 57
   - (1) こんなに大きくなるんだよ ―― 57
   - (2) 運動能力も向上する ―― 59
3. 児童期の認知・思考の発達 ―ピアジェの考え方― …… 59
   - (1) 感覚運動的思考から象徴的思考 ―― 59
   - (2) 直観的思考から具体的操作期、そして形式的操作期へ ―― 60
4. 児童期の心理社会的発達 …… 61
   - (1) 低学年の子どもたち ―― 61
   - (2) 中学年の子どもたち ―― 62
   - (3) 高学年の子どもたち ―― 63
5. 児童期の発達課題 …… 63
   - (1) エリクソンの児童期の発達課題 ―― 63
   - (2) ハヴィガーストの児童期の発達課題 ―― 65
6. 児童期に問題になること …… 65
   - (1) 不登校 ―― 66
   - (2) いじめ ―― 67
   - (3) 広汎性発達障害 ―― 68
   - (4) 学習障害 ―― 69

●コラム 「ボク，おねしょしちゃうの…〈夜尿症〉」 …… 71

第6章 発達の理解⑤ ―青年期・成人期・老年期 …… 73

1. 青年期 …… 73
   - (1) 青年期の人格発達 ―― 73
   - (2) 職業意識 ―― 74
2. 成人期 …… 75
   - (1) 成人期の人格発達 ―― 75
   - (2) 成人期の家族の発達 ―― 76
3. 老年期 …… 80
   - (1) 老年期の人格発達 ―― 80
   - (2) 老年期の家族 ―― 80

●コラム 「アイデンティティ」 …… 82

第7章 保育者の心と子ども理解 ……… 83

1. 保育者の心理 ……… 83
   - (1) 保育者の資質 —— 83
   - (2) 求められる保育者のタイプ —— 84
   - (3) 保育者とストレス —— 85
2. 新任保育者の悩みと葛藤 ……… 86
   - (1) 子ども理解と保育の悩み —— 86
   - (2) 職場の人間関係 —— 87
3. 気になる子どもの実態 ……… 88
   - (1) 気になる子どもとは —— 88
   - (2) 気になる大人とは —— 89
   - (3) 気になる子どもへの対応 —— 90

● コラム 「カウンセリングマインド」……… 92

第8章 障害児の理解と支援 ……… 93

1. 気になる子どもの現状 ……… 93
2. 発達障害の理解と支援 ……… 94
   - (1) 自閉症・アスペルガー症候群 —— 95
   - (2) AD/HD —— 96
   - (3) LD —— 97
   - (4) もう少し考えてみよう —— 98
3. その他の障害の理解と支援 ……… 98
   - (1) 知的障害 —— 98
   - (2) 視覚障害 —— 99
   - (3) 聴覚・言語障害 —— 100
   - (4) 肢体不自由 —— 100
   - (5) 内部障害 —— 101
4. 特別支援教育と支援 ……… 101

● コラム 「障害理解の難しさ」……… 104

第9章 教育相談のあり方（何でも相談できる先生になる）……… 105

1. 教育相談 ……… 105
   - (1) 教育相談とは —— 105
   - (2) 幼児期の教育相談とは —— 106
2. 話を聴く際の基本的態度（カウンセリングマインド）……… 106
   - (1) カウンセリングとは —— 107
   - (2) ロジャーズの考え方 —— 107
   - (3) カウンセリングマインド —— 108
3. 幼児教育と保育における教育相談 ……… 109
   - (1) 保護者から見た保育者・幼稚園教諭 —— 109
   - (2) 保育者・幼稚園教諭から見た保護者 —— 110
   - (3) どうしたのかしら —— 110
   - (4) 何気ない会話の中で —— 111
   - (5) 気づいているかしら —— 112
   - (6) 小学校入学に向けて —— 113
4. 保護者への対応 ……… 113
   - (1) 保護者との信頼関係を築く —— 113
   - (2) 保護者の不安に気づく —— 114
   - (3) 面談をする際の留意点 —— 114
5. 専門機関との連携 ……… 114

● コラム 「保育者・幼稚園教諭の健康管理」……… 117

第10章 情報化社会における発達と教育 ……… *119*

1. 幼児を取り巻くメディア環境 ……… *119*
   (1) テレビの視聴状況 —— 119
   (2) パソコン・テレビゲーム・携帯型ゲーム機の利用状況 —— 121
2. メディアとの関わりが子どもの発達に与える影響 ……… *123*
   (1) テレビ視聴と子どもの発達 —— 123
   (2) パソコン・テレビゲームと子どもの発達 —— 124
3. メディアとの関わりにおける親の役割 ……… *124*
4. 保育現場におけるメディアの利用 ……… *126*
   (1) 保育の中のメディア利用 —— 126
   (2) 子育て支援としてのメディア利用 —— 127

●コラム 「情報機器の使用」……… *129*

第11章 幼児教育のあり方と今後の展望 ……… *131*

1. 子どもの教育・保育に関わるということ ……… *131*
2. 教育・保育における連続性 ……… *134*
3. 社会と親子関係 ……… *136*
4. 時間と遊び ……… *137*
5. 「遊び」の位置づけ ……… *139*
6. めやすとゆとり ……… *141*
7. 生活の連続性と学びの連続性 ……… *142*
8. 保育と遊び ……… *144*
9. 子育てと自分の関わり ……… *144*
10. 言葉の大切さ ……… *146*
11. これからの幼児教育 ……… *148*

■索 引 ……… *149*

第1章 発達と教育・保育を学ぶ

1. 発達を学ぶ意義

　教育・保育の現場において，子どもを理解することが大切なことはいうまでもない。子どもを理解するということは，どういうことなのであろうか。子どもを観察していれば理解できるのであろうか。観察することは大切であるが，子どもに関する知識がなければ理解できないであろう。子どもについての知識とは，子どもの発達についての知識ともいえるであろう。それは，ある子どもの発達の知識だけではなく，子ども一般がどのように成長していくかという発達のプロセスについての知識も含んだものである。

　子どもの発達は，周囲の人々の働きかけに影響を受けている。教育・保育の現場で子どもたちの日常生活に関わっている幼稚園教諭や保育士もその一人である。幼稚園教諭や保育士は，子どもの発達を援助するという大きな役割を担っている。教育・保育の現場では，一人ひとりの子どもをより良く理解するためだけでなく，適切な援助ができるように発達過程の観察が必要となってくる。

　幼稚園教諭や保育士は，客観的な視点で，常に子どもの立場に立った観察を行いながら，発達心理学の知識を基盤にして，一人ひとりの子どもの発達を正確に把握することが求められている。

　幼児教育・保育に関わろうとする人は，子どもを理解するためにも「発達心理学」を学ぶことが必要となるのである。

2. 発達の概念

　発達とは，「個体の全体的変容過程および変容の成果」のことである。結果だけではなく，その過程（プロセス）も含んで考えていく。この変容は，素質（遺伝）と環境に規定されている。

　発達の変容を表す言葉として，「成長と分化」「成熟と学習」があり，それぞれの言葉に含まれる意味が異なる。「成長」は量的分野での変容のことで，「分化」は質的分野で

の変容のことである。量的分野とは，直接的に観察可能であり，直接的に物差しで計測可能な分野のことをいう。例として，身長・体重などが挙げられる。質的分野とは，直接的な観察は難しいが間接的に計測可能である分野のことをいい，例として，記憶力の増大，指先の器用さなどが挙げられる。「成熟」は素質（遺伝）的な面の変容のことで，「学習」は環境的な面での変容のことである。「成熟」は，遺伝的に伝えられた要素が発現することを強調しており，「学習」は，環境的要因によって身に付けられた要素の発現を強調している。

3. 発達を見る立場

　発達を見る立場としては，「個体発生的立場」「系統発生的立場」「文化人類学的立場」の3つがある。
　個体発生的立場は，生物学の見方の一部であり，生物の「受精から死に至るまでの個体の発達」を見る立場である。個体としてどのように変化・変容していくのかを見ていく立場で，発達心理学の中心的立場である。
　系統発生的立場も，生物学の見方の一部であるが，こちらは生物が「進化の系譜に沿ってどのように発達しているか」を中心に見る立場である。ヒトは現存生物の最高位に位置しているが，そこに至るまでの進化系譜でどのように能力が獲得されているかなどを調べ，比較していくことが中心となる。つまりヒトと動物の差異やヒトで調べにくいことなどを動物で調べて，ヒトの変化へと推察することなどが行われる。
　文化人類学的立場は，文化人類学の考え方を導入して，「民族・文化などによって発達に違いが見られるのか」を考える立場である。例えば，「子育て」は，行為としては普遍的であるが，内容・方法などは文化によって大きな違いが見られる。そのような文化的差異が発達に及ぼす影響を見るのである。

4. 変化・変容の型

　発達は，変化・変容の過程と結果であると述べたが，その変化・変容には，ある一定の型（パターン）がある。
　①量の変化　　直接的に計測可能であるものはもちろんのこと，間接的に計測可能なものについても，量として表現できることから，「量の変化」の型（パターン）がある。この型（パターン）が最も多く，例えば，身長・体重の増加（成長として表現されるもの），言葉の数が増える，遠くへ物が投げられる，などがある。
　②釣り合いの変化　　生物の身体はさまざまな部位・機能からなっており，それらがそれぞれ独立に変化するのではなく，釣り合い（バランス）のとれたものとして変化

することがわかっている。これを「釣り合いの変化」の型（パターン）という。例えば，生まれたときは4頭身であったものが，成人では8頭身になることや，心と身体が釣り合って発達すること，などである。

　　③**古い不要な機能・部分の消失**　　一定の年齢に達したときに，不必要である機能や部分が消失する変化の型である。例えば，新生児反射や乳歯などがある。

　　④**新しい特質の獲得**　　一定の年齢に達したときに，必要となる機能や特質を新たに獲得する変化の型である。前述のような機能の消失と対になることもあれば，新たな獲得の場合もある。例えば，永久歯の獲得や第二次性徴の発現などがある。

5. 発達の原理

　発達の変化・変容過程は，ランダムに起こるのではなく，ある一定の原理（ルール）に従って生じる。それを「発達の原理」と呼び，以下のものがある。

　　①**分化と統合**　　それぞれの機能が部分部分で分かれて働くようになることを「分化」という。そしてその分化したそれぞれの機能が，ある目的のために統合的な働きをするようになることを「統合」という。つまり，「未分化な状態」から，「分化した状態」へと変化し，最終的に「統合的働き」に変化していくのである。この例として，「協応動作」が挙げられる。

　　②**順序性**　　発達の変化・変容は，ある順序に従って進んでいく。この順序の変化はほとんどないと考えられている。例えば，運動の発達である歩行と手の動きについて見ると，図1－1のように頭部から尾部（脚部）へ｛首→肩→腰→脚｝，中心部から周辺部へ｛肩→肘→手首→指先｝，と発達が進んでいき，この順序を覆すことはない。

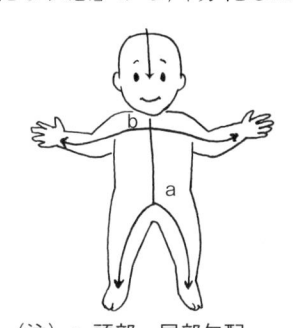

（注）a. 頭部―尾部勾配
　　　b. 中心部―周辺部勾配
図1－1　運動発達の方向性
（Goodenough, 1945）

　　③**連続性**　　眼には見えない変化であるが，常に連続的に変化している。つまり，発達の変化・変容は止まらず，常に変化しているのである。

　　④**波動性**　　発達は波動現象であり，機能別に変化タイプがある。発達や成長・成熟という一括表現で説明されるが，それぞれの機能によって変化のパターンは異なるのである。この例としてスキャモンの発達曲線に示される変化パターンがある（p.30図3－1参照）。

　　⑤**相互関連性**　　発達の変化・変容は，1つの機能が単独で変化するのではなく，それぞれの機能が相互に関連しながら発達する。例えば，運動機能と知的機能などのように，それぞれの機能がバランスを取りながら変化していくのであるから，特に乳幼児

や児童に関わる大人たちは注意しておく必要があると思われる。

⑥**個人差（機能差）**　発達には幅があり，その個人や機能によって変化の差があること，つまり時間差があることを理解しておく必要がある。この時間差を理解していると，他者との比較が意味のないことがわかってくる。そうすると注目すべきことは，その個人のある期間内の変化である。図1-2に個人差の例として，乳児の体重発育のグラフを示す。①から⑤までの原理は，すべての人に均等に同じように働くものとして記述されているが，⑥の原理は，時間差が生じることで，個人によって出現時期が異なる，つまり幅があると記述するものである。そこで注意しておくべきことは，発達心理学では機能の発現時期などについて述べているが，あくまでも平均的な指標であって，その個人の指標ではないことをよく理解しておくことである。

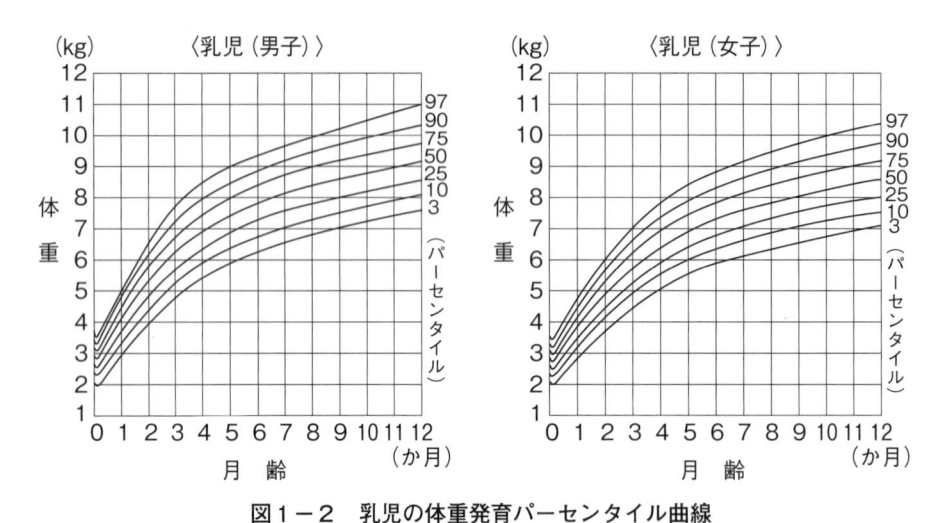

図1-2　乳児の体重発育パーセンタイル曲線
（厚生労働省　平成22年乳幼児身体発育調査報告書　平成23年10月）

6. 発達の要因

（1）遺伝説（成熟説）

　生まれながらにしてもっているものが原因となり，遺伝が要因となって発達が促されるという考え方である。音楽家の多いバッハの家系や，学者の多いダーウィンの家系などの家系研究法による調査や，双子を調べる双生児研究法などによって，支持されてきた。発達を考えるうえでまず最初に考えられる要因であるが，現在では遺伝要因が単独で発達を促進させるとは考えられてはいない。

（2）環境説（学習説）

　遺伝説に対して，環境の要因のほうが影響が大きいと考える説が唱えられた。野生児の研究や，学校に行くことの効果や，教育施設のあり方の研究などにより支持されてき

た。また，ロックの唱えた経験説もこの考え方と対応している。しかし，環境だけが発達に関係するということは考えられないことから，遺伝説と同じように，どちらかの要因だけというようには考えられていない。

（3）輻輳説

遺伝と環境のどちらか一方が発達に影響を与えるのではなく，両方が関係しているという考え方として，輻輳説をシュテルンが提唱した。同様の考え方としてジェンセンは環境閾値説を唱えた。これらの考え方の特徴は，遺伝と環境との関与が加算的な関与（「遺伝＋環境＝ある機能の現状」）であると考えた。この考え方は，遺伝説と環境説を基本として，それぞれが関係し合っているということを述べた点が特徴であるが，片方に要因がなくとも，もう一方に要因があれば出現してくるという点が難点として指摘されてきた。

（4）相互作用説

相互作用説は，輻輳説の難点を考慮して，遺伝と環境との関与を乗算的な関与（「遺伝×環境＝ある機能の現状」）と考えるものである。この考え方は，片方の要因がなくなることが他方の要因に影響を及ぼしていくという点，つまり，互いに影響し合い，因果関係をもつという点が特徴である。

以上のように発達の要因として4つあるが，現在では，（4）相互作用説が最も説得力のある考え方とされている。

7. 発達段階

発達は，原理のところでも述べたように，連続的な変化過程である。ところが，変化を見ていくためには，ある特定の時期において区切っていく必要がでてくる。このように変化過程を見るための区切りのことを発達段階という。この区切りの基準としてもっともわかりやすいものが暦年齢である。例えば，20歳になったら大人である，などである。表1－1に現在使われている暦年齢を基準とした一般的な発達段階を示す。これを見ると青年期までは学校教育制度と密接な関係，つまり子どもたちへの教育は発達段階に従って進められていることがわかる。

発達段階は，暦年齢以外を基準とした表示方法がある。その例として表1－2に知的機能を基準としたピアジェの発達段階を示す。その他にも自我発達を基準としたエリクソンの発達段階などがある。

表1-1　一般的な発達段階（暦年齢基準による）

区分名	年齢等	
胎生期	受精～出生	280日（10か月）間
乳児期	0歳～1歳	
幼児期 　前期 　後期	1歳～6歳 1歳～3歳 3歳～6歳	 家庭教育の時期 集団教育の時期
児童期 　前期 　中期 　後期	6歳～12歳 6歳～8歳 8歳～10歳 10歳～12歳	教科教育を行う時期 小学校低学年 小学校中学年 小学校高学年
青年期 　前期 　中期 　後期	12歳～22・23歳 12歳～15歳 15歳～18歳 18歳～22・23歳	 中学生 高校生 大学生および就職初期段階
成人期	22・23歳～65歳	
老年期	65歳～	

（小池，2011）

表1-2　ピアジェによる思考の発達を基準とした発達段階

区分名	年齢
感覚運動的思考の段階	0歳～2歳
反射	0～1か月
一次的循環反応	1～3か月
二次的循環反応 　（一次的シェマ）	3～6か月
二次的シェマ	6～10か月
試行錯誤	10～18か月
洞察	18～24か月
表象的思考の段階	2歳以降
前操作的思考	2歳～7・8歳
前概念的思考 　　（象徴的思考）	2歳～4歳
直観的思考	4歳～7・8歳
操作的思考	7・8歳以降
具体的操作	7・8歳～11・12歳
形式的操作	11・12歳以降

（岡本，1977をもとに小池，2011が改変）

8. 発達課題

　各発達段階において，習得しておくべき行動様式として期待される課題のことを発達課題という。それらの課題の習得がなされなかった場合には，次の段階における発達に支障をきたすことがある。ハヴィガーストは，表1-3のように具体的な発達課題を指摘した。

表1−3における発達段階は，ハヴィガーストが用いた段階であり，表1−1の表現とは多少異なっている。対応させてみると，次のようになるであろう。ハヴィガーストの「幼児期および早期児童期」は，一般的段階の「乳児期と幼児期」に，「中期児童期」は「児童期」に，「青年期」は「青年期」に対応する。「早期成人期」は「青年期後期から成人期の前半」に対応し，「中年期」は「成人期」全体に，「老年期」は「老年期」に対応している。重なりがあるのは，発達が連続過程であって，厳密に区分できないのと同じ理由からだと考えられる。

9. 発達心理学の研究法

（1）発達理解の方法

　発達のダイナミックな変化や過程を理解するための方法として，横断研究法，縦断研究法，時代差研究法がある。

　横断研究法は，ある時点で，異なる年齢の人たちを一度に測定することで，発達を明らかにしようとする方法である。この方法は，短期間に多くの対象を測定でき，効率よく発達の概観を知ることができるので，一般的によく用いられている。ところが，そこで導き出された変化が必ずしも真の変化とは限らないことを，理解しておく必要がある。つまり，その時点での平均的変化を表しているのであって，過去の影響などが無視されている場合がある。

　縦断研究法は，特定の個人や集団を発達の過程で繰り返し測定することで，その変化を知ろうとする方法である。毎年決まった時期に測定することで発達変化を見ることは，生活場面で見られる例である。この方法は，時間がかかるばかりでなく，その間に対象となる人たちが移動したり不明になったりという不測の事態が生じて，繰り返しの測定ができなくなったりすることも多い。いったん研究を開始すると，過去のデータの取り直しはできないので，用意周到な準備が必要となる。この方法では，一人ひとりの真の発達過程を知ることができることや，ある時期での経験の有無や経験の多少による違いが発達に与える影響などの情報を与えてくれるという利点がある。

　時代差研究法は，特定の世代や集団の発達が戦争などのような時代的な影響を受けている可能性を明らかにするための方法である。例えば，昭和30年代の幼稚園児の身長・体重と平成10年代の幼稚園児の身長・体重の変化を見て，その影響を考える場合などがあてはまる。この方法では，異なる集団の発達過程を縦断的に検討することで，発達への結果ばかりでなく，発達の過程に及ぼす時代の影響を明らかにすることができる。

（2）発達評価の方法

　ある時点での人の発達状態を評価する具体的な方法として，実験法，調査法，観察法，面接法，検査法がある。

表1-3 ハヴィガーストによる発達課題

発達段階	
幼児期および早期児童期	1．歩行の学習
	2．固形食摂取の学習
	3．話すことの学習
	4．排泄の統制を学ぶ
	5．性差および性的な慎みを学ぶ
	6．社会や自然の現実を述べるために概念を形成し言語を学ぶ
	7．読むことの用意をする
	8．善悪の区別を学び，良心を発達させはじめる
中期児童期	1．通常の遊びに必要な身体的技能を学ぶ
	2．成長しつつある生体としての自分に対する健全な態度を身に付ける
	3．同年代の者とやっていくことを学ぶ
	4．男女それぞれにふさわしい社会的役割を学ぶ
	5．読み書きと計算の基礎的技能を発達させる
	6．日常生活に必要なさまざまな概念を発達させる
	7．良心，道徳心，価値尺度を発達させる
	8．個人としての自立を達成する
	9．社会集団や社会制度に対する態度を発達させる
青年期	1．同年代の男女と新しい成熟した関係を結ぶ
	2．男性あるいは女性の社会的役割を身に付ける
	3．自分の体格を受け入れ，身体を効率的に使う
	4．親や他の大人たちから情緒面で自立する
	5．結婚と家庭生活の準備をする
	6．職業につく準備をする
	7．行動の指針としての価値観や倫理体系を身に付ける～イデオロギーを発達させる
	8．社会的に責任のある行動をとりたいと思い，またそれを実行する
早期成人期	1．配偶者の選択
	2．結婚相手と暮らすことの学習
	3．家庭を作る
	4．育児
	5．家の管理
	6．職業の開始
	7．市民としての責任を引き受ける
	8．気心の合う社交集団を見つける
中年期	1．十代の子どもが責任を果たせる幸せな大人になるように援助する
	2．大人の社会的な責任，市民としての責任を果たす
	3．職業生活で満足のいく地歩を築き，それを維持する
	4．大人の余暇活動を作りあげる
	5．自分をひとりの人間としての配偶者に関係づける
	6．中年期の生理学的変化の受容とそれへの適応
	7．老いてゆく親への適応
老年期	1．体力と健康の衰退への適応
	2．退職と収入の減少への適応
	3．配偶者の死に対する適応
	4．自分の年齢集団の人と率直な親しい関係を確立する
	5．柔軟なやり方で社会的な役割を身に付け，それに適応する
	6．満足のいく住宅の確保

（Havighurst，1972より小池，2011が作成）

実験法は，発達を示す特定の状況や課題を与えて，その行動を観察するものである。実験室のような人工的な環境で，反応に影響する要因を極力排除して，純粋な発達能力や状況を明らかにしようとする。しかし，その人工的な環境で，日常の行動や発達が説明できるかという批判もある。

　調査法には面接調査と質問紙調査がある。調査においては，質問紙調査のほうが多く使われることと，面接調査は後述する面接法と重なる部分が多いことから，調査法という場合には質問紙調査を指すことが多い。質問紙調査は，対象が読み書きのできる人に限定されるため，乳幼児などには直接適用できない。また，反応を意図的に作ることができるという限界もあるが，比較的に協力を得やすく，なおかつ大量のデータを短期間で得ることができるという利点がある。

　観察法は，外から見ることのできる自然な行動に焦点をあて，それを記述したり，特定の行動出現をチェックしたりして，発達状態を評価するものである。行動観察なので，乳幼児から高齢者まですべての人を対象とすることができる。観察者と対象者が直接接触することのない非参加観察と，対象者のいる場で日常的な交流をしながら観察をする参加観察がある。

　面接法は，対象者との面談を通して相手の発達状況を知ろうとする方法である。ある程度言語的に内面などを述べることができる人が対象となる。言語的な内容だけでなく，相手の表情やしぐさ，調子などは貴重な情報となる。

　検査法は，基準が明らかになっている検査などを行ってもらうことで，発達の評価を行うものである。知能検査や性格検査，発達検査などがある。

> **第1章　学びのポイント**
> 　「変化変容の型」の中の『釣り合いの変化』と，「発達の原理」の中の『相互関連性』については，乳幼児期から児童期・青年期にかけての発達において大きな影響を及ぼすものである。

【参考文献】
・藤野信行編著：『改訂　乳幼児の発達と教育心理学』，建帛社（2003）
・潮田武彦監修：『発達心理学ガイドブック』，建帛社（1990）
・中島誠編：『発達臨床心理学』，ミネルヴァ書房（1992）
・本郷一夫編著：『保育の心理学Ⅰ・Ⅱ』（シードブック），建帛社（2011）
・杉原一昭・新井邦二郎・大川一郎・藤生英行・濱口佳和・笠井仁：『よくわかる発達と学習』，福村出版（1996）
・無藤隆・岡本祐子・大坪治彦編：『よくわかる発達心理学』，ミネルヴァ書房（2009）
・遠藤利彦編著：『発達心理学の新しいかたち』，誠信書房（2005）
・無藤隆・藤﨑眞知代編著：『発達心理学』，北大路書房（2009）
・ハヴィガースト著　児玉憲典・飯塚裕子訳：『ハヴィガーストの発達課題と教育』，川島書店（1997）

コラム

初期経験と臨界期

　あなたは，カルガモの親子が列を作って歩いているところを見たことがあるだろう。カルガモの子どもたちはなぜ，親の後をついて歩くのだろうか？　この行動について調べた学者が，オーストリアの動物学者ローレンツである。彼は，ひな鳥が孵化したときに最初に見る動く大きなものに追従するという現象を見出し，刻印づけ（インプリンティング）と名付けた。これはひな鳥の頭の中に「親」のイメージが刷り込まれてしまうことである。ひな鳥のそばに親鳥がいるのは，自然界ではごく普通で一般的な出来事であるから，親鳥に「親」イメージをもつのは当たり前だと思われてきた。ところが，ローレンツは，ひな鳥がその対象を「親」として認知したのではなく，ひな鳥が生後間もない時期に見た動く大きな対象が「親鳥」だった，ということを見出したのである。

　この研究結果は反響を呼び，さまざまな追実験が行われてきた。いずれの実験結果も，一度刷り込まれると決して後戻りすることはないことを示し，初期経験の力が偉大なことを表している。この初期経験が最適となる時期があるのだろうか。カモを被験体とした研究によると，生後（孵化後）約16時間前後が最も適した時間であることがわかった。この時期を臨界期と呼んでいる。

　人間にも臨界期があるのであろうか。モルモットやヒツジ，シカなどが人間に飼育されると，同族の動物に対して正常な反応を示さず，人間に近づこうとすることが観察されている。哺乳類において，その種の動物としての社会的行動様式を獲得していくためには，発達初期の経験が重要な意味をもつことがわかっている。また，発達初期に感覚を遮断して飼育した動物の場合，その後の知覚発達や学習能力に大きな障害を受けることが明らかになっているし，感覚的刺激作用がなければ生来の神経構造が退化してしまうことも示されている。さらに隔離して飼育した場合には，大きくなってから群へ入れても社会的行動や母性行動がとれないことも示されている。

　以上ことから，発達初期に，その動物として普通の感覚刺激・社会的環境を奪われてしまうと，その後の発達が正常に進んでいかないことを示しており，人間にも同様のことが考えられ，感覚刺激の大切さや母子接触の大切さが，臨界期の考え方とともに見直されてきている。

第2章
発達の理解①
―乳児期まで

1. 受精から誕生まで ―胎生期―

　人間の一生は卵子と精子が出会って受精し，子宮内膜へ着床することで始まる。つまり妊娠である。その妊娠を経て，母親の胎内で形を成し，出生に至るまでの期間のことを**胎生期**と呼ぶ。胎生期は「十月十日（とつきとおか）」と言われるように，約40週である。受精卵の大きさは，直径0.15～0.20 mm，重さは約0.0004 mgであり，これが，わずか1年の間に急激に成長し，身長は2,500倍，体重は7億5,000万倍にもなるのである。生を受けてから死に至るまでの長い人生において，これほど驚異的な発達を遂げる1年は他にない。また，形態も最初はただの卵であったものが，動物のような形を成し，徐々に人間らしい姿に近づいていく（図2－1）。

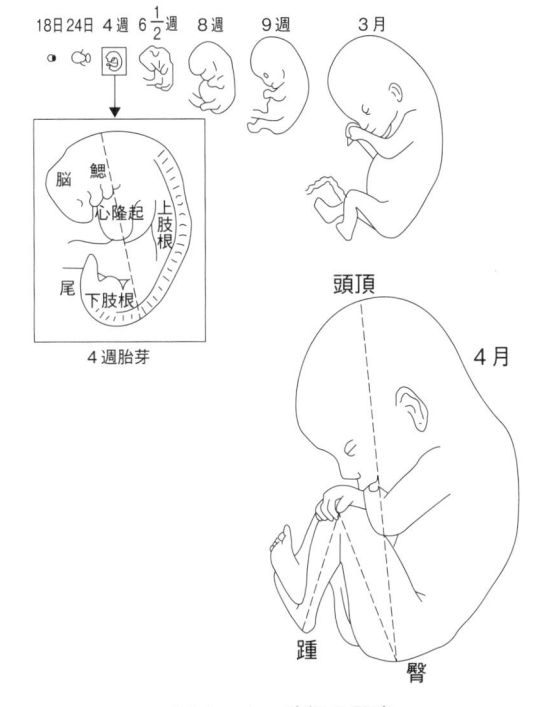

図2－1　胎児の発達
（中山健太郎：成長，中山健太郎編：『小児科学　第5版』，文光堂，pp.15～34，1985）

（1）胎生期の分類

　胎生期は，大きく3つの時期に分けられる（図2－2）。1つ目は，受精卵が子宮内膜にしっかり着床するまでの期間で，これを**卵体期**という。卵体期は受精からおよそ2週間をいう。ちなみに，受精卵が子宮内膜にしっかり着床するのは，受精卵全体の3割強といわれている[1]。

　2つ目は，3週目～8週目頃のことをいい，**胎芽期**と呼ばれる。6週ほどの間に，誕

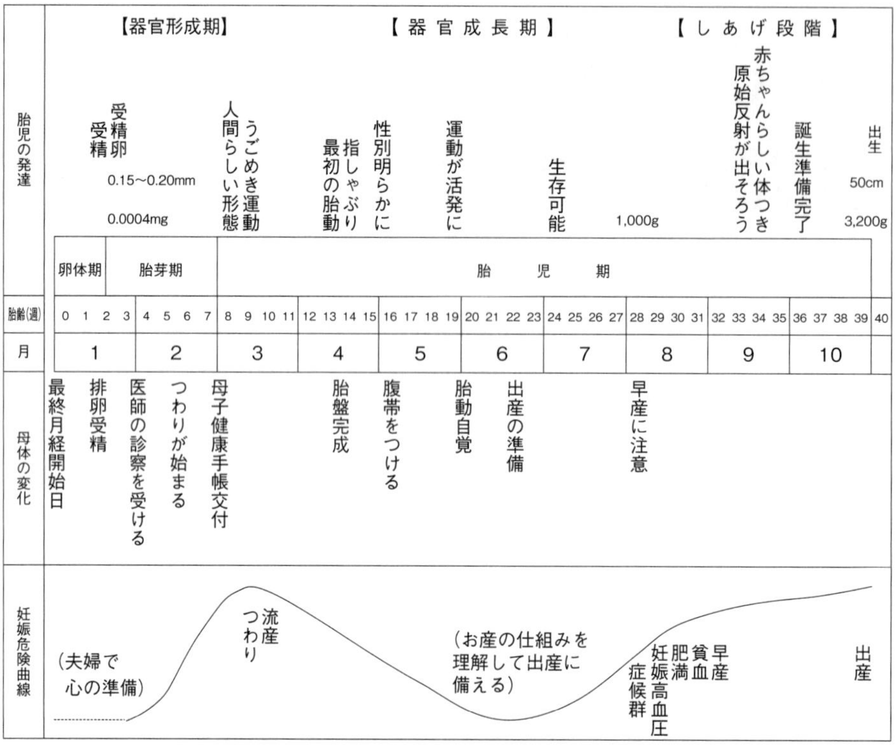

胎児の発達	【器官形成期】			【器官成長期】				【しあげ段階】		
	受精 受精卵 0.15〜0.20mm 0.0004mg	うごめき運動	人間らしい形態	性別明らかに 指しゃぶり 最初の胎動	運動が活発に	生存可能		赤ちゃんらしい体つき 原始反射が出そろう 1,000g	誕生準備完了	出生 50cm 3,200g
	卵体期	胎芽期				胎 児 期				
胎齢(週)	0 1 2 3	4 5 6 7	8 9 10 11	12 13 14 15	16 17 18 19	20 21 22 23	24 25 26 27	28 29 30 31	32 33 34 35	36 37 38 39 40
月	1	2	3	4	5	6	7	8	9	10
母体の変化	最終月経開始日 排卵受精	医師の診察を受ける つわりが始まる	母子健康手帳交付	胎盤完成	腹帯をつける	胎動自覚	出産の準備	早産に注意		
妊娠危険曲線	(夫婦で心の準備)	流産 つわり		(お産の仕組みを理解して出産に備える)				妊娠高血圧症候群 肥満 貧血 早産		出産

図2−2　胎児の発達と母体の変化
（中島誠編：『発達臨床心理学』，ミネルヴァ書房，1992を参考に作成）

生時に備わっているはずのすべての器官が分化するため，胎芽期は，非常に重要な時期とされている。この器官形成の時期は，外界からの影響によって，胎児に奇形や障害が生まれやすい時期としても認識されている。胎児の成長に悪影響を与えるものについては，次項で説明する。

　3つ目が**胎児期**であり，妊娠3か月目頃から出生に至るまでの，最も長い期間をいう。初期には「つわり」が見られるようになり，胎盤も完成していないので，流産の危険性に注意しなくてはならない。母親にとっては辛く，慎重を要する時期であるといえる。しかし，その後，だいたい4か月くらいには胎盤が完成し，5か月くらいになるとつわりも落ち着いてくる。この頃になると胎動も活発化するため，母親は「母親になったのだなぁ」と自覚を強め，母性的な感情が強くなるという。7か月頃になると，胎児の体重も1,000gほどとなり，原始反射（p.17参照）も見られるようになる。また，肺呼吸も可能となるため，万一出生したとしても生存することは可能になってくる。さらに，感覚器官も完成するため，お腹の外の音や声も聞こえるようになる。もちろん乳児は羊水に浮かんでいる状態なので，声の質をはっきりと聞き分けることは難しい。したがって，母親が話すリズムやイントネーションなどを学習していると考えられている。出生後の乳児が，母親の語りかけによって安心するのはこのためである。後期は，特に肥満や貧血，妊娠高血圧症候群などに気をつける必要があり，出産を間近に控え，母親の不安感

が強まる時期でもある。

(2) 胎児に悪影響をもたらすもの

　図2-3を見てほしい。すでに述べたとおり，胎芽期は中枢神経系だけではなく，心臓，腕，足，目，耳，口蓋などのあらゆる器官が形成される時期であり，母親と胎児をつなぐへその緒を通じて，特に外界からの影響を受けやすいことがわかる。このように，胎児に奇形や障害をもたらす原因となる催奇性物質としては，薬物，伝染性の病原体や放射線などが挙げられる。また一般的なところでいえば，たばこ，アルコール，コーヒーなどの嗜好品などによる悪影響についても指摘されている。

　例えば，「サリドマイド」という薬は，1962年当時つわりや不眠症に対する薬として販売されており，これを服用した妊娠初期の女性の子どもの手足が極端に未発達な状態で生まれるという薬害を起こしている。こうした四肢の発育不全は，サリドマイドを服用したのが妊娠初期であったことに大きく関連している。また，1964～65年にかけて沖縄で風疹が大流行し，妊娠初期の母親が感染した場合に聴覚障害児が多く生まれた例なども挙げられる。たばこやアルコールなどの嗜好品についていえば，母親の喫煙量や飲酒量が増えると，早産や低出生体重の可能性が高まることがわかっている。

　このように，胎芽期は外界からの影響を大きく受けやすい時期であるが，妊娠初期ということもあって，母親自身が妊娠に気づかず，薬を服用したりしてしまうことは十分

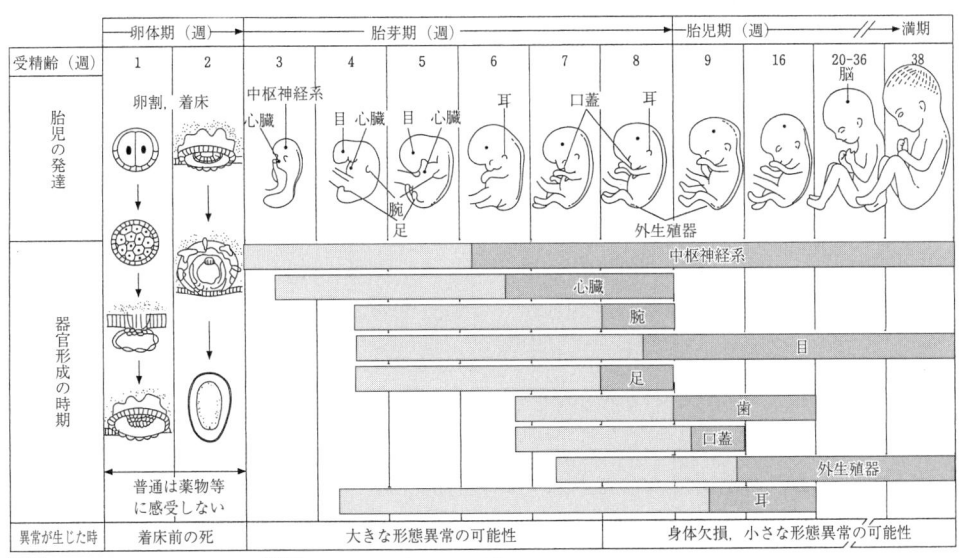

図2-3　人の発生と器官の形成時期

（野本直記：遺伝相談―どんな時に必要かなぜ必要か，沢田淳編：『別冊発達：ここまできた早期発見・早期治療―子どもの健康と病気』，ミネルヴァ書房，pp.2～13，1987，中島誠編：『発達臨床心理学』，ミネルヴァ書房，1992を一部改変

櫻井茂男：胎児期の発達，櫻井茂男・大川一郎編著：『しっかり学べる発達心理学　改訂版』，福村出版，p.28，2010）

1．受精から誕生まで ―胎生期―

ありうる。妊娠の予定や可能性がある場合には、薬の服用には注意をしたり、アルコールやたばこも控えたりするような配慮が必要になるだろう。また、母親だけではなく、父親や周囲の人たちもこうした理解をもつことが大切である。

　以上は、主に外界からの物質的な影響であるが、母親の精神状態も胎児に大きく影響を与えている。例えば、超音波診断装置でわが子の姿を確認した際、感動で涙を流した母親の胎児は、その後ゆったりとした活動が見られたのに対して、早産に対する不安のあまり涙を流した母親の胎児には、その後ぎこちないけいれんのような活動が見られたという[2]。また、妊娠中の短期間のストレスや軽い程度の病気は、生まれてくる子どもにあまり影響を与えないのに対して、長期間にわたる心理的ストレスは、子どもに悪影響を与えることも明らかになっている[3]。こうした結果から、母子がお互いに影響を与え合う相互作用は、生まれる前からすでに始まっていることがわかる。妊娠中は母親自身が何より安心して、ゆったりと過ごせることが一番であり、父親や周囲の人たちが、母親を精神的に支えることは、胎児にとっても大切なことであるといえるだろう。

（3）誕生のとき

　最後の月経日から数えて約280日で、出産に至る。在胎37〜41週での出産は正期産と呼ばれる。これに対して、37週未満の場合は早期産、42週以降を過期産という。出産は、陣痛で始まり、胎盤が娩出されて終わる。しかし、胎児の通る産道は狭い。そこで、胎児は大切な脳髄を保護するため、頭頂骨を互いに重ね合わせたり（頭重積）、骨盤の入り口の形に合わせて頭を回転させたり（児頭回旋）して、胎外に生まれ出る。

2. 新生児期・乳児期

（1）赤ちゃんは無力？

　出生後1か月の乳児は特に新生児と呼ばれ、それ以降は乳児とされる。乳児と幼児の境についてはさまざまな考え方があるが、言葉によるコミュニケーションが可能となる1歳半くらいまでを乳児期とする場合が多いため、本書でもこれに倣った（表2-1）。

　生まれて間もない乳児は、とても頼りなく無力な存在のように見える。事実、大人がいなければ生きていくことは難しいといえる。例えば動物行動学的には、そのために幼児体型であることが重要であるとされている。図2-4を見てほしい。哺乳類に限らずあらゆる動物において、幼少期は大きな丸っこい顔という特徴をもっていることがわかる。こうした「かわいらしさ」は、親に愛情を注いでもらったり保護してもらったりするのに役立っている。

　心理学においても、乳児を無力で受け身的で、

表2-1　本章で扱う発達段階

胎生期	卵体期	受精〜2週
	胎芽期	3週〜8週
	胎児期	9週〜出生
新生児期		出生〜1か月
乳児期		1か月〜1年半

依存的であるとみなす考え方がかつては一般的であった。しかし，1960年代以降，実験手法や装置の工夫・開発に伴い，徐々に，乳児は運動機能が未熟である半面，高い感覚機能をもつことが次第に明らかとなった。つまり，全く白紙の無力な状態で生まれてくるのではなく，これから，この世界で出会う何を経験として取り込みやすいかについて，生まれつき準備された状態で誕生しているということがわかってきたのである。ここから，受け身だけではなく，むしろ積極的に周りと関わろうとする有能な乳児の実像が浮き彫りになった。

（2）知覚の発達

1）視覚の発達

a．乳児がよく見える距離 生まれたばかりの新生児の目は，どのくらい見えているのか。実は全く見えていないわけではなく，ぼんやりとは見えており，生まれたばかりの視力は0.03，生後6か月の時点では0.2程度であるとされている。しかし，単に大人で目が悪い人とは大きく異なる部分がある。それは，焦点の調整をすることが難しい点である。大人の場合は，遠くにあるものを見るとき，近くにあるものを見るとき，それぞれピントが合うよう調整をすることができるが，乳児はそれができない。生まれたばかりの頃は，遠くにあるものを見るために焦点を合わせることが難しく，だいたい30cmくらいの距離にあるものが最もよく見える状態となる。実は，これには非常に大きな意味がある。乳児が抱っこされたときに，ちょうど抱っこしてくれている人の顔をはっきり認識できる距離なのである。つまり，生まれながらにして，自分を育ててくれる人の顔を早く覚えられるよう，また，アイコンタクトをとって相互作用を引き起こすことができるよう，視覚能力が準備されているといえるのである。

図2-4 養育を引き出す赤ちゃんの「かわいらしさ」
(Lorenz,K. Z.：Die Angeborenen formen möglicher Erfahrung, *Zietschrift fur Tierpsychologie*, 5, 239-409, 1943
白井博：愛着の形成と社会性の発達，内田伸子・臼井博・藤崎春代：『乳幼児の心理学』（ベーシック現代心理学2），有斐閣，pp. 47～65, 1991を参考に作成）

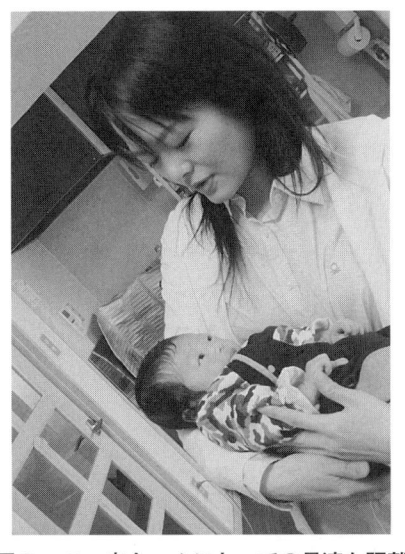

図2-5 赤ちゃんにとっての最適な距離

b．乳児の視覚的な好み　ファンツは，選好注視法という実験手法を用いて，乳児が何を好んで見ているか，また複数の図形を区別して見えているかを調べた。この方法では，図形に対する注視時間を比較し，図形の間で注視時間に差があった場合には，それらの図形が違うものであることを認識していることを意味している。また，より注視時間が長い場合には，その図形を乳児がより好んでいる証となる。これを用いたファンツ[4]が行った実験の結果は図2－6に示されているとおりである。ここからわかるのは，生後間もない新生児でさえ人の顔の図形を長く注視していること，単純な図形よりも複雑な図形をより長く注視する傾向にあることである。つまり，乳児は，生まれながらにして，人の顔に対する興味をもっており，複雑な図形を好んでいるといえる。しかし，後の研究からは，複雑な刺激を単に好むというわけではなく，乳児の視覚能力に適した範囲での複雑さをもつ図形を好むことが明らかになっている。

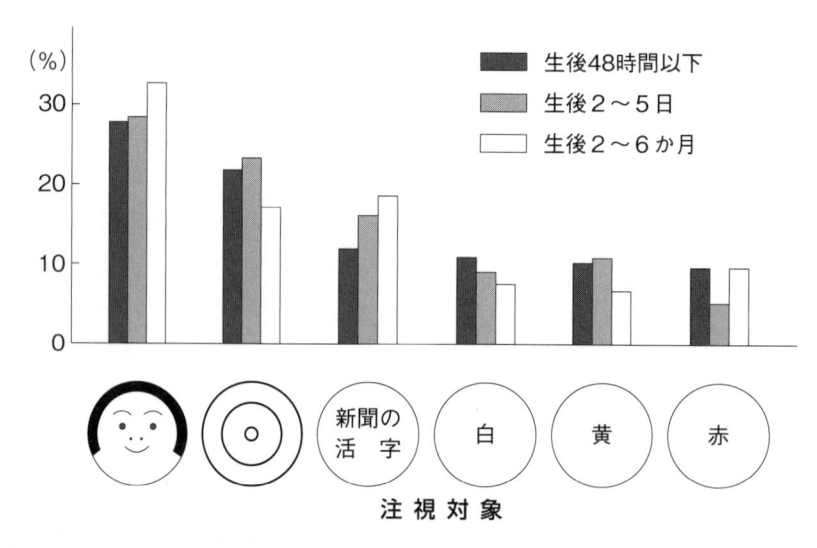

図2－6　図形のパターンに対する乳児の好み

(Fantz, R.L.: The origin of form perception, *Scientific American*, 35, 81-90, 1961
堀内ゆかり：認知発達と学習，若井邦夫・高橋道子・高橋義信・堀内ゆかり：『グラフィック乳幼児心理学』，サイエンス社，pp.51～74，2006)

2）聴覚の発達

こうした視覚能力に対して，聴覚の完成は比較的早い。それは，乳児が母親のお腹の中にいるときから，すでに耳を使っているからである。妊娠8か月目あたりからその機能が認められるという。

また，新生児は音の高さや強さ，音色の違いなどを区別しているとされ，生後間もない乳児でも，母親とそうでない女性の声を聴き分けることができる。それは，乳児が胎内で母親の話し方のリズムパターンや，イントネーションを学習してきたためと考えられている。一般的には，女性が発する高い声音やゆっくりとした抑揚のある話し声を好むことがわかっている。ゆっくりとした抑揚のある話し方は，乳児に接するときの独特

な話し方のことをいい，**マザリーズ**と呼ばれる。

（3）運動機能の発達
1）原始反射

生後間もない新生児は，自分の意思によって，身体を自由に動かすことが難しい。しかし，生まれつき，生命の維持に関する行動や後の適応的な行動の基礎となる**原始反射**を備えて生まれてくる。その代表的なものが以下のとおりである。

表2-2　後の適応行動と新生児期の原始反射との対応

後の適応行動	原始反射	反　応
乳を飲む行動	口唇探索反射	口元を軽くつつくと，触った方向に頭を向ける
	吸啜反射	口の中に指を入れると吸う
危険なものから身を守る行動	引っ込み反射	足の裏をピンでつつくと，足を引っこめる
	瞬目反射	物が急速に迫ってきたり，まぶしい光を急にあてるとまぶたをとじる
抱きつく行動	モロー反射	仰向けに寝かせ，頭の支えを急にはずすと，両腕を広げ，だれかを抱きしめるかのように腕を戻す
物をつかむ行動	把握反射	手のひらに指を入れ，押すと，その指を握りしめる
歩く行動	歩行反射	わき下で身体を支え，床に立たせると，律動的なステップ運動が起こる
泳ぐ行動	泳ぎ反射	うつむけて水につけると，腕や脚を使った泳ぐような運動が起こる

（高橋道子：身体と運動の発達，若井邦夫・高橋道子・高橋義信・堀内ゆかり：『グラフィック乳幼児心理学』，サイエンス社，pp. 25～49，2006）

このような原始反射は，生後1～2か月でほとんど消失してしまう。その後，自分の意思や目的に沿った運動が可能になるには，大脳皮質と神経系の成熟が必要となる。

2）運動発達の基本原理

随意運動（自分の意思によって行われる運動）の発達には一定の方向・順序がある。まず1つ目は，頭部から尾部の方向へ進む発達である。つまり，首がすわり，支えなしでお座りができるようになり，ハイハイ，つかまり立ち，一人歩きが順次できるようになる。2つ目は，身体の中心部から周辺部の方向へ進む発達である。つまり，手の場合，上腕部→前腕部→手・指のコントロールが可能になる。3つ目は，粗大運動から微細運動への発達である。身体全体を動かすような大きな動きから，徐々に手先を動かすような細やかな動きが可能になる。

（4）感情の発達

1）感情の分化

「赤ちゃんの仕事は泣くこと」とは，子育てにおいてよく言われることである。実際乳児は，起きている間「泣く」という活動に多くの時間を費やしているといえる。お腹が減っているとき，おむつが濡れているとき，眠いときなど，自分の感じている不快感を泣くことで大人に伝えようとしている。しかし，この頃の泣き方には変化がなく，大人は乳児がなぜ泣いているのかを，その「泣き」から正確に読み取ることができないことも多い。これは，この時期における乳児の感情が，不快や苦痛といった方向性をもつものの，まだ十分に感情が分化しておらず，全般的な興奮でしかないためである。この後，成長とともに，興奮が状況に応じて微妙な違いを示すようになり，多様な感情へと分かれていく。

このような感情の分化について，ブリッジズ[5]は，図2-7のようにまとめている。ブリッジズの理論は，これまでの感情発達の考え方に大きな影響を与えてきたが，最近の研究では，新生児はもっと多様な感情をもっていると考えられている。

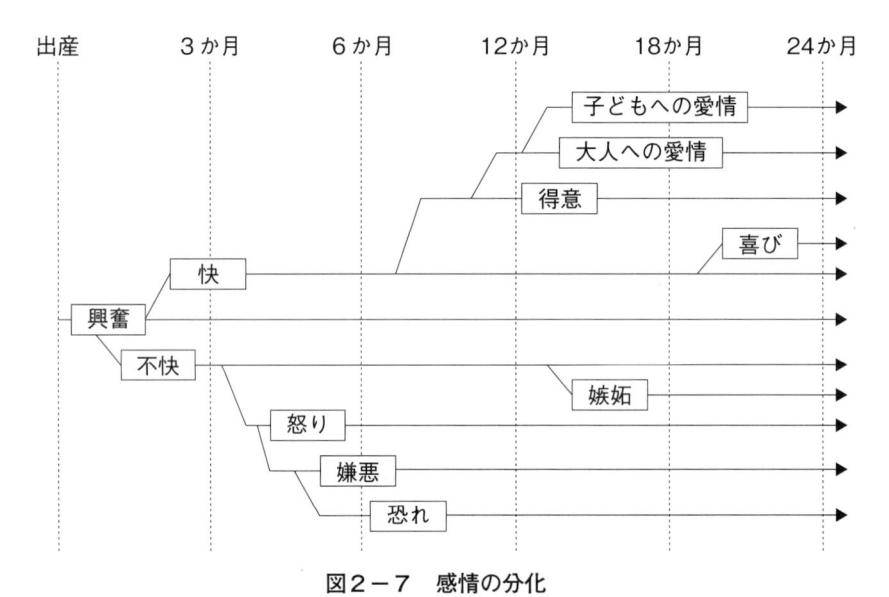

図2-7　感情の分化

（Bridges, K.M.B.: Emotional development in early infancy, *Child Development*, 3, 324-341, 1932）

2）微笑の役割

新生児は，眠っているときやまどろんでいるときに，ふっと微笑みの表情を浮かべるときがある。しかし，これは喜びの感情を表出しているわけではない。このような微笑は，**自発的微笑**（図2-8）と呼ばれており，外的な刺激がない状態でも生じるのが特徴である。

これに対して，外からの刺激に誘発される微笑を外発的微笑といい，生後2か月の間に，主に新生児の好む音の刺激である，高い音や複雑な音，強さが弱い音，こうした特

徴の音声に対して微笑することが増えていく。これが，この時期，母親の語りかける声によって最も微笑が生じる理由である。

しかし，生後2か月頃を境にして，聴覚的刺激よりも視覚的刺激，特に人の顔に対する微笑が活発になる。こうした，相手の顔を見て微笑することを，**社会的微笑**という。この時期における社会的微笑は，特定のだれかに向けたものではなく，人の顔全般に対する無差別的なものである。しかし，親の顔を見てほほ笑むわが子を見て，親は乳児からの特別な意味合いをもつメッセージとして受け止め，積極的に関わりをもとうとする。このように，微笑は，親子の相互作用のきっかけを作り，促進するという点で大きな意味をもっている。

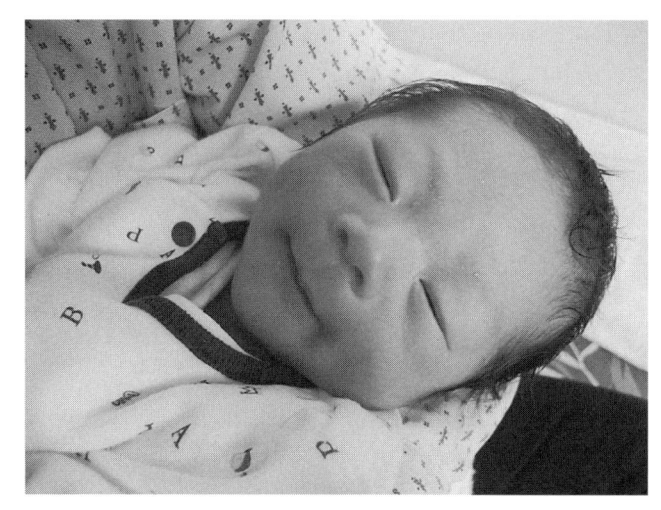

図2-8　自発的微笑をする新生児

さらに，生後4か月の頃から，人の顔全般ではなく親などの見知った特定の人の顔にのみ反応するようになり，選択的な社会的微笑が現れる。この頃になると，視覚的な見え，声，匂いなど，さまざまな情報を基に，なじみのある人とそうでない人を識別する能力が高くなってくる。その後，こうした微笑は，信頼できる相手への愛情の証として機能するようになり，半面，信頼できる相手から離れる怖さという，分離不安の感情が分化していくことにもつながる。

3）他人の表情を読む―社会的参照―

感情の表出は，一種のメッセージである。その人の内面を伝える機能をもち，人間関係において，感情の表現やその読み取りは非常に重要な能力といえる。特に，言葉をもたない乳児にとっては，コミュニケーションを行ううえで大切な道具ともなる。

それでは，他者の表情の読み取りはいつからできるようになるのか。ソースら[6]は，**視覚的断崖**（図2-9）という実験装置を用いて，これを検証した。元々，この視覚的断崖は，乳児の奥行き（深さ）の知覚の発達を調べるためのものであり，装置の中央に乳児を乗せ，ガラスを挟んだ深い側から母親が乳児を呼んだ場合，乳児はどのような反応を示すかを観察するのである。もし，深い側に踏み入れず，躊躇したりする場合は，乳児がガラスの下の深さを知覚しているといえる。これまでの結果では，6～14か月児のほとんどが深いほうへ渡らないことがわかっている。ソースらは，この視覚的断崖を用いて，母親に深い側から呼んでもらうだけではなく，母親にある表情を浮かべながら働きかけてもらうこととした。その結果，生後12か月の乳児は，母親がにこにこした表

情を示しながら呼ぶと79％が深いほうへと渡ってしまうことがわかった。これに対して，恐怖の表情を浮かべた場合，乳児はだれも深いほうには渡らなかった。ここからわかるのは，母親の表情を手がかりにして，深さを知覚していても，渡っていいかどうかを判断したことになる。このように，他人の感情を認知して，自分にとって未知の状況や人を理解する情報に利用することを**社会的参照**という。例えば，見知らぬ人に会っても，母親がリラックスして楽しそうな表情をすれば，その人のことを，乳児も安心できる相手として理解するのもこれにあたる。

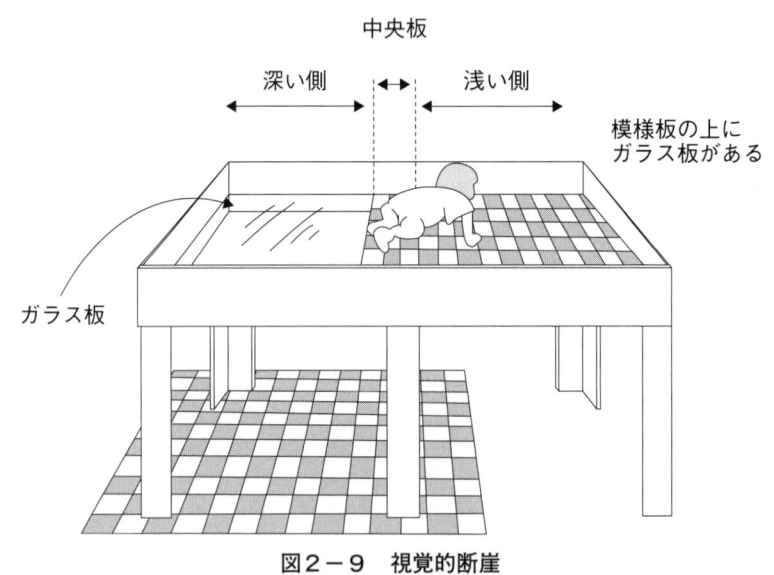

図2－9　視覚的断崖

(Gibson, E.：Principles of perceptual learning and development, Meredith Corporation, 1967)
藤野信行編著：『改訂　乳幼児の発達と教育心理学』，建帛社, p. 22, 2003

（5）自己の発達

1）自分と自分でないものの区別

　この世界には，自分という存在があって，また自分以外の他者や事物も存在している。しかし，生まれたばかりの乳児には，このような自他の区別がなく，自己と外界も融合した状態にある。生後2～3か月頃になると，乳児はこぶしを握ったり開いたり，手と手を絡ませたり，上下左右に動かすなどの動きをしながら，じっと手を見つめるようになる。この動作は，**ハンドリガード**（図2－10）と呼ばれ，自分の手を，自分の身体の一部であることを認識しつつあることを示している。

　こうした認識が可能となるには，触覚の違いが大きく関係している。例えばおもちゃを触っているときは，おもちゃを触っている感覚しかない。さらに，他人に触られたときは，触られている感覚しか生じない。しかし，自分で自分の身体を触っているときは，自分が触っている感覚と，触られている感覚の両方が生じる。このような感覚の違いを通じて，「自分」と「自分ではないもの」の境界線を理解するようになるのである。これを**自己認知**と呼ぶ。

2）鏡に映ったのはだれ？

　鏡に映った自分を，自分として認識できるようになるのはいつからだろうか。このような鏡映像の自己認知がどのように発達するかは，ルージュ課題と呼ばれる手法で明らかとなっている。この方法は，乳児に気づかれぬよう，口紅を乳児の鼻の頭につけ，乳児に鏡に映った自分を見せるのである。もし，鏡に映っているのが，自分であると認識している場合は，鏡を見て自分の鼻の頭が赤くなっていることに気づき，自分の鼻を触ろうとするはずである。ルイスとブルックス＝ガン[7]がこの方法を用いて実験を行ったところ，鏡映像を自分だと気づいた子どもは生後12か月ではいなかったが，生後15～18か月で急激に増えてくることを見出した。また，鏡に映った姿を自分であるとはっきり認識しはじめるのは，2歳近くであることがわかっている。このような鏡映像の自己認知が可能なのは，人間以外ではチンパンジーなど一部の類人猿のみである。

図2－10　ハンドリガードをする乳児

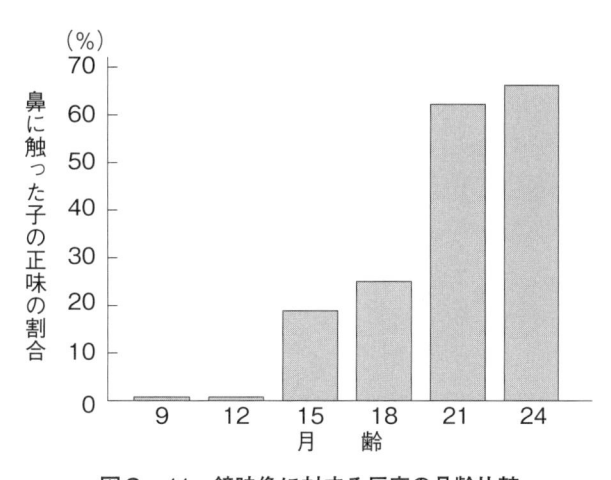

図2－11　鏡映像に対する反応の月齢比較
（Lewis, M & Brooks-Gunn, J. : Social Cognition and the Acquisition of Self, Prenum Press, 1979
臼井博：自我の成立と個性化，内田伸子・臼井博・藤崎春代：乳幼児の心理学（ベーシック現代心理学2），有斐閣，pp.69～92，1991）

（6）認知発達
1）物の永続性

　生後4・5か月の乳児の目の前に，おもちゃがあるとする。乳児がそのおもちゃに興味を示して手を伸ばそうとしたところで，おもちゃに布をかける。すると，乳児はどのような反応をするだろうか。ある月齢までの乳児は，さっきまで目の前にあったおもちゃが，まるでこの世にはないもののように振る舞う。つまり，手を伸ばすのもやめ，注意を向けることもやめてしまうのである。普通，大人はその物体が見えなくても，この世には存在し続けていることを知っている。このような理解のことを，**物の永続性**という。従来，こうした物の永続性が成立するまでには，1年はかかると言われていたが，近年，もっと小さい乳児でも物の永続性を理解していることも示されている。

実は，この物の永続性は，「いない・いない・ばあ」の遊びと強く関連している。ただ，顔を手で覆い隠したり開いて見せたりするだけの繰り返しを，乳児が声を出して笑うほど面白がるのは，まだ物の永続性が成立していないためである。つまり，物の永続性が成立していない乳児にとって，顔を見せたり隠したりすることは，突然，顔が現れたかと思ったら消えるようなものなのである。

2）三項関係の成立

生後9・10か月頃になると，相手に何か伝えようとしたり，相手を手段として使ったりするような行動が見られるようになる。例えば，おもちゃが届かないところにあって母親が離れたところにいる場合に，おもちゃのほうへ手を向けながら音声を発し，母親の注意をおもちゃに向けさせ，それを取ってもらおうとする。また，プレゼントのように，物を母親に手渡すなど，物の受け渡しも遊びの中ででてくる。

図2-12 物の永続性

それまでは，母親と微笑み合ったりするか，おもちゃを操作したりするような，自分とヒト，もしくは自分とモノの二項的な関わり方しかできなかった。しかし，手差し・指差しや，手渡し，提示などの身振りは，ヒトを介してモノと関わる，モノを介してヒトと関わることが可能になったことを表しており，自分―モノ―ヒトの**三項関係**の成立を意味している。

特に，指差しに関しては，**共同注意**を生みだしやすいという大きな機能があるとされる[8]。共同注意とは，対象を見るという経験を他者と共有することであり，言葉の発達に大きく影響を与えている。例えば，乳児が注意を向けている物や指差ししている物について，母親がその名称を言うというやりとり（現在母親発話）は生後8～9か月頃までに増えてくる。このように，乳児が注意を向けている物に対して，母親が言葉で補うことは，乳児はその対象物と言葉を自然と結びつけることとなり，言葉を覚えることに非常に役立っている[9]。

（7）言葉の発達

1）言葉を話すまでの準備期間

英語で乳児はinfantという。これはラテン語で「話すことのできない」を意味しており，正にその

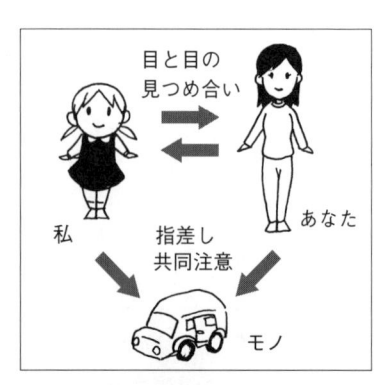

図2-13 自分―モノ―ヒトの三項関係

意味どおり，乳児は言葉でコミュニケーションをとることが難しい。では，私たちはどのようにして言葉を使えるようになっていくのか。生まれて初めて話す意味のある言葉のことは初語と呼ばれている。その初語が出てくるようになるのは，およそ生後10～12か月くらいである。しかし，突然言葉が発せられるわけではなく，生まれて1年ほどの間に少しずつ発達を遂げてきた結果なのである。この期間は前言語期と呼ばれ，言葉こそ使わないが，話しかけられて身体を動かすなど（エントレインメント），乳児なりにコミュニケーションを成立させている。

　生まれたての乳児の出す音声のほとんどは，「オギャー」と泣いたり叫んだり，反射的な発声である。しかし，生後2～3か月になると，ご機嫌なときに「クークー」といった喉を鳴らすような柔らかい音声を発するようになり，これを**クーイング**と呼ぶ。また，自分の口唇や歯・舌・喉をある程度自分でコントロールして発声するようになる**喃語**が見られるようになる。初期の喃語は「アー」「ウー」など単音から成るものだが，中期になると，「ママママ」「ブブブブ」など同じ音を繰り返すようになる。これを反復喃語という。さらに後期には，「アブー」などのように異なった音を組み合わせて発声できるようになる。こうした喃語に含まれる音は，あらゆる言語に含まれる音韻が出現しているとされ，子どもがどのような言語でも母語として習得できるように，生まれつき準備されている証といえる。このようなコミュニケーションの機能をもたなかった喃語から，イントネーションやリズムが母語に近いものになり，まるでおしゃべりをするような発声が見られてくる。これを**ジャルゴン**という。

2）言葉の使い始め

　初めての誕生日を迎える頃に，初語が発せられるようになる。初語の特徴としては，「ママ」や「ブーブー」など同音を反復したものが多く，口唇を閉じた状態から開くことで発声する子音である／m／や／p／，／b／などの音韻が使用されている場合が多い。また，この頃の発話は一度に1つの単語を発するだけであるため，**一語文**（一語発話）と呼ばれる。これは，1つの単語にあたかも文のような意味合いが含まれている特徴を指している。例えば，乳児が「ママ」と言うとき，「ママ」は単に「お母さん」を表してい

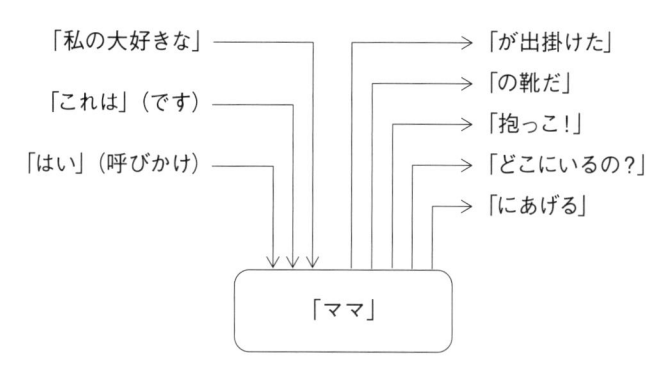

```
「私の大好きな」 ─────┐    ┌──→「が出掛けた」
                    │    │  ──→「の靴だ」
「これは」（です）─────┤    ├──→「抱っこ！」
                    │    │  ──→「どこにいるの？」
「はい」（呼びかけ）───┤    └──→「にあげる」
                    ↓    ↑
                  ┌──────────┐
                  │  「ママ」  │
                  └──────────┘
```

図2-14　一語文が表現するもの
（村田孝次：言語発達, 藤永保編：『児童心理学』, 有斐閣, pp. 277～328, 1973より作成）

るのではなく，状況や相手によってより豊富な意味をもつ（図2-14）。もし乳児がおもちゃを渡しながら「ママ」と言えば，それは「ママにあげる」を意味しているかもしれない。また，お母さんがいつも履いている靴を見て「ママ」と言えば，「ママの靴だ」を意味しているかもしれない。このように，たった一語で，聞き手や状況によって文章としての意味を伝えているのである。2歳頃になると，「ママ，ネンネ」など，2つの単語をつなげた**二語文**が見られるようになり，徐々に文法的な規則性を学習していく。

（8）人との関わりの発達

人間は社会的な動物である。したがって，生きていく中で他者との関係を結ぶことは，とても大切なことといえる。それでは，人間関係の芽生えを経験する乳児は，どのように関わりを築いていくのだろうか。

1）依存か？　愛着か？

最も身近な存在である養育者との関係は，「依存」によって形成されると，かつては考えられていた。つまり，乳児の生理的欲求（例えばお腹が空くなど）が高まり，それを満たすために養育者が世話をする，これが繰り返されることによって，特別な結びつきが生まれるとされた。しかし，こうした考えに対して異議を唱えたのが，ボウルビィ[10]である。彼は，生理的欲求ではなく，人間には生まれながらにして，特定の人と関係を結んで維持しようとする傾向が備わっているのではないかと考えた。つまり，より積極的に他者との関わりをもつとしたのである。

このような特定の他者との間に形成される心理的結びつき，絆は**愛着**と呼ばれる。このボウルビィの考え方は，ハーロウ[11]による代理母模型の実験によって裏付けられている（図2-15）。この実験では，生まれたばかりのアカゲザルが，生後すぐに親から引き離され，2種類の代理母模型のもとで飼育された。この2種類の代理母模型は，1つが

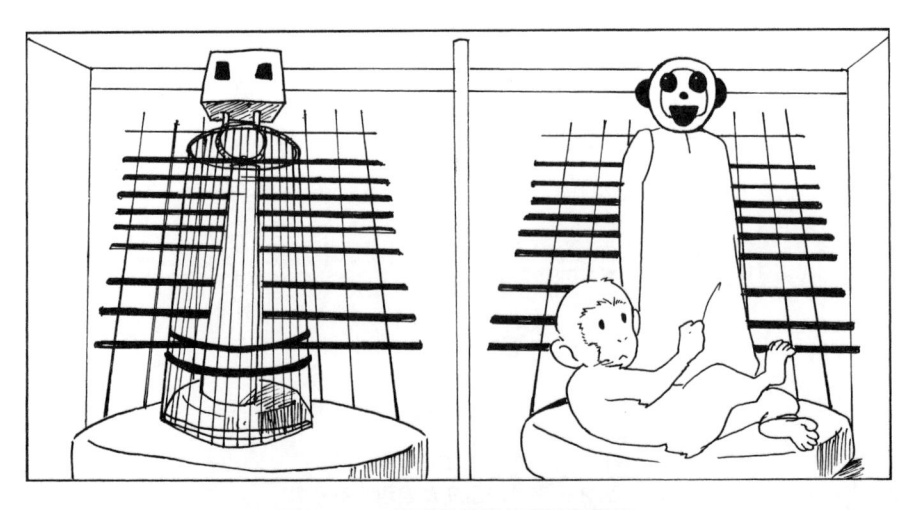

図2-15　代理母模型の実験の様子

むき出しの針金でできており，もう１つは，針金の上を毛布で覆い柔らかい感触でできている。このとき，針金の母親の胸にはミルクがもらえるような仕掛けが施されている。このような状況で，アカゲザルの乳児は，どちらの母親と長く一緒にいようとするのかを時間で測定した。その結果，毛布の母親にしがみついている時間のほうが明らかに長く，針金の母親とは，ミルクを飲むとき以外はほとんど接触しなかった。

この結果が示しているのは，生理的欲求を満たす，つまりこの状況では空腹を満たす，ということよりも，柔らかく温かい，安心感を与えてくれるような存在を求める性質が，アカゲザルの乳児に備わっているということであり，これは人間も同様であると考えられる。

２）安定した愛着をもたらすもの

a．親側の要因 人間の乳児は，アカゲザルの子どもよりも運動機能が未熟であるため，自分から親や周りの人のもとへ移動して接触することが十分できない。そのため，乳児は自らシグナルを発することで，周りの人を自分のほうへ近づかせ，関わりを維持しようとする。シグナルとは，泣いたり，微笑んだり，「ウー」と声を出したりすることなどを含む。

こうしたシグナルに対する母親の敏感さが，愛着形成においてはとても重要な要因の１つであるとされている。例えば，乳児にとって「泣き」は最も有効なシグナルといえるが，これに対して，母親がすばやく適切に，柔軟な対応をとってくれる場合，乳児は母親のことを，自分の苦痛を軽減し，嬉しい状態を共有できるパートナーと感じるようになる。また，こうした母親は，喃語・注視・微笑などのシグナルにもより敏感に反応することができ，乳児が「泣き」以外のコミュニケーションの方法を発達させていくことを助けていける。例えば，母親をじっと見つめる子どもに，母親が，「○○ちゃんはいい子だね」と愛情たっぷりに話しかけると，乳児がその母親の声に反応して，手足を動かしたり，視線を合わせて微笑みを返したりする。そうした反応に対して，母親も微笑みを返したりする。このように，お互いの発するシグナルに反応し合うことを通じて，乳児は母親に大きな安心感を抱き，やりとりをすることにも喜びを感じるようになり，そばにいようとするようになる。

b．子ども側の要因 もちろん，愛着は決して親側の要因だけで形成されるのではない。例えば，乳児のシグナルを発する力が弱いと，周囲がそれに反応することは難しい。また，働きかけられても，それに対する反応が乏しいこともある。特に，障害や未熟児出産による影響がある場合はこれにあてはまる。また，乳児が生まれつきもつ個性（気質）の問題もある。例えば，気難しくて泣いてばかりいる子どもだったり，寝起きや空腹，排泄などの生活リズムが安定しない子どもも愛着の形成が難しくなりやすい。この場合には，シグナルがわかりづらかったり，母親が反応していても泣き続けたりするため，母親が育児に自信を失い，疲労困憊に陥る。さらに乳児と母親の間で，相互作用がますます生じにくくなり，**発達的悪循環**を招くことになる（図２−16）。

しかし，こうした難しさがあるにしても，多くの母親が乳児との間に安定した愛着を築くことができる。これには，母親の努力や，父親を含む周囲の人たちの温かなサポー

ト，そして何より乳児自身の発達しようとする力が存在していることを忘れてはならない。

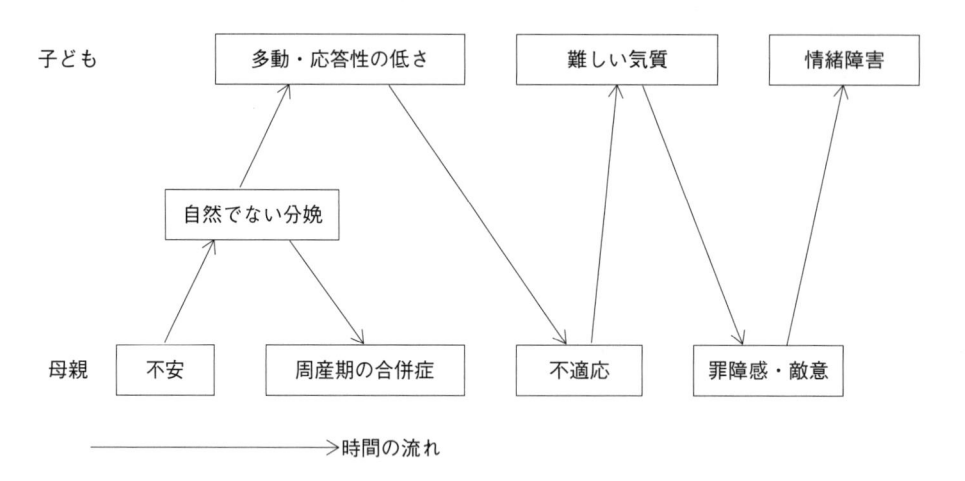

図2-16 発達的悪循環の相互作用モデル
(Sameroff, A.J.: Early influences on development: Fact or fancy?, *Merrill-Palmer Quarterly*, 21, 267-294, 1975)

第2章 学びのポイント
　人間は運動能力が未発達な状態で生まれてくるため，新生児・乳児は一見無力な存在に思われる。しかし実際は，生きていくために重要な情報を積極的に取り入れる有能さを生まれつき兼ね備えている。

【引用文献】

1）中西由里：胎児と母親，麻生武・内田伸子編：『人生への旅立ち―胎児・乳児・幼児前期―』（講座生涯発達心理学第2巻），金子書房，pp. 35～64（1995）
2）夏山英一：生命の誕生　受精から誕生まで，小林登・小嶋謙四郎・原ひろ子・宮崎康人編：『育つ』（新しい子ども学1），海鳴社，pp. 85～129（1985）
3）Scott, D.H.：Follow-up study from birth of the effects of parental stresses, *Developmental Medicine and Child Neurology*, 15, 770-787（1973）
4）Fantz, R.L.：The origin of form perception, *Scientific American*, 35, 81-90（1961）
5）Bridges, K.M.B.：Emotional development in early infancy, *Child Development*, 3, 324-341（1932）
6）Sorce, J., Emde, R., Campos, J., & Klinnert, M.：Maternal emotional signaling: Its effect on the visual cliff behavior of 1-year-olds, *Developmental Psychology*, 21, 195-200（1985）
7）Lewis, M & Brooks-Gunn, J.：Social Cognition and the Acquisition of Self, Prenum Press（1979）
8）麻生武：「指差し」と「手差し」，言語，22（4），pp. 46～61（1993）
9）無藤隆：『赤ん坊から見た世界』，講談社現代新書（1994）
10）Bowlby, J.：Attachment（Attachment and loss Vol.1.), Basic Books（1969）（黒田実郎ほか訳：『愛着行動』（母子関係の理論Ⅰ），岩崎学術出版社（1976））
11）Harlow, H.F.：The nature of love, *American Psychologist*, 13, 673-685（1958）

【参考文献】

・麻生武・内田伸子編：『人生への旅立ち―胎児・乳児・幼児前期―』（講座生涯発達心理学第2巻），金子書房（1995）
・無藤隆：『赤ん坊から見た世界』，講談社現代新書（1994）
・中島誠：『発達臨床心理学』，ミネルヴァ書房（1998）

コラム

カンガルーケア

　「カンガルーケア」という言葉を聞いたことがあるだろうか？　これは，出産直後に，母親の裸の胸と，赤ちゃんの素肌の胸を合わせるようにして直接抱く方法で，カンガルーの親がお腹の袋に子どもを入れて育てる様子に似ていることから，この名前が付けられた。元々は，1970年代に南米のコロンビアで始まったもので，低出生体重児を収容する保育器が不足していたことに由来している。生まれた赤ちゃんの体温を維持するために，母親の体温で温めてもらおうとしたわけである。日本においても，出産するとすぐに，赤ちゃんはお母さんから引き離されることも多かったのが，最近はこのカンガルーケアが，産院でも広く取り入れられるようになっている。

　カンガルーケアのメリットとしては，赤ちゃんの体温を維持できるというだけではなく，低出生体重児の生存率も高まること，それから，赤ちゃんの安心感が得られることなどが挙げられている。さらに，長い妊娠期間の果てに出会ったわが子への愛情を，母親がより一層深めるきっかけにもなるといわれる。

　もちろん，出産直後でもあるため，カンガルーケアが適切な方法で行われる必要はあるが，こうしたスキンシップは，お互いの安心感や親密感を生み，これから始まる子育てに大切なエネルギーとなるといえるだろう。

第3章

発達の理解②
—幼児前期

　離乳がほぼ完成する1歳前後から，就学前の5～6歳までの時期を幼児期という。この数年の間に子どもはあらゆる発達の局面において著しく発達する。とりわけ保育の対象である年齢であるため，この時期を幼児前期（1歳半～3歳）と幼児後期（3歳～6歳）とに分けて概説することにする。保育の現場では，幼児前期にあたる子どもを低年齢児，幼児後期にあたる子どもを高年齢児という場合もある。

　幼児前期（1歳半～3歳）　この時期の発達の特徴としては次のようなことが挙げられる。まず，身体が発達し，運動機能も洗練されて，大人と同じような行動がとれるようになる。生まれたばかりの時には寝返りさえ打てなかった赤ちゃんは，乳児期には一人で歩けるようになり，幼児前期には，階段を上ったり，その場でピョンピョン跳ねたり，走ったりすることができるようになる。また手先も器用になり，身の回りのことが自分できるようになり，食事，排泄，着脱衣などの基本的な生活習慣が次第に身に付いていく。そして，言葉が発達し，単語を続けて話せるようになり，大人との言葉によるコミュニケーションに困らないほどになる。さらに，自我が発達し，大人の指示に対して「いや」と拒絶するような姿も見られ，反抗期を迎えるが，これは一人の人間として自立していこうとする姿でもある。

1. 身体と運動機能の発達

（1）身体の発達

　表3－1は出生時から3歳までの身長，体重，頭囲の平均値を示したものである。出生時から1歳までの乳児期の1年間に，身長は48cmから73cmと約1.5倍，体重は3kgから9kgと約3倍の大きさに，また頭囲は12cmも大きくなっており，身体面では，急激に大きくなっていることがわかる。そ

表3－1　出生から3歳までの身長・体重・頭囲の平均値

	身長(cm)	体重(kg)	頭囲(cm)
出生時	48	3	33
1歳	73	9	45
2歳	85	11	48
3歳	95	13	50

（厚生労働省　平成22年乳幼児身体発育調査報告書をもとに作成）

れに比べると，幼児前期の約2年半の間の身体の成長は，身長が73cmから95cm，体重が9kgから13kg，頭囲が45cmから50cmとなり，乳児期の1年間に比べると発達が緩やかになってきているのがわかる。

体型の変化について見てみると，出生時に4頭身で生まれてくるが，成長するにつれ頭の割合が小さくなり，2歳の時点で5頭身になる。この頃，歩行もしっかりしてきて，見た目の印象で，赤ちゃんから子どもになったと実感できる時期である。

また出生時に2,500g以下で誕生した低出生体重児は，3歳になる頃には正常児に近づいてくる。

人間の身体の発達は，身体の各部位によって成長・発達の著しい時期が異なる。図3－1は，スキャモンの発達曲線といって，身体の部位ごとに，成人の発育を100として，各年齢の値を百分率で表したものである。これを見ると，出生後，最も著しく発達する身体の部位は，脳や脊髄などの中枢神経と呼ばれる部位である。幼児期もその傾向は変わらず，神経型の発達は顕著である。特に脳の発達が著しく，3歳までに成人の脳重量の6割強の重さになる。

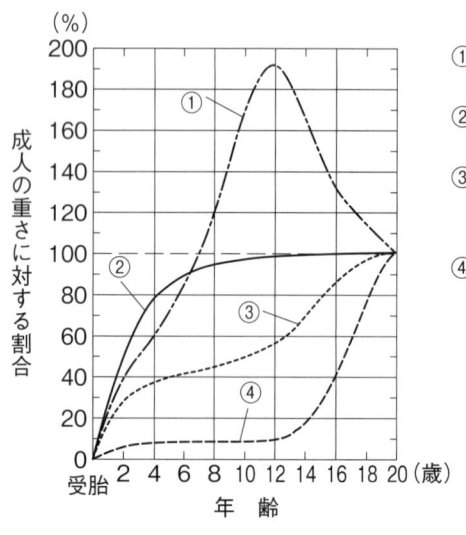

図3－1　スキャモンの発達曲線（Scammon, 1930）
（山内光哉編：『発達心理学（上）―周産・新生児・乳児・幼児・児童期― 第2版』，ナカニシヤ出版，p.48, 1998）

（2）運動機能の発達

乳児期の終わり頃に歩き始めるようになると，子どもの活動範囲は広がり，活動量の増加にも伴い，身体機能が著しく発達する。全身運動（粗大運動）については，ボールを蹴る，走る，ジャンプするなどの基本的な運動能力が獲得される。さらに，身体各部のそれぞれの動きが協応して安定してくるので，身体バランスや巧緻性，平衡感覚などのコントロール機能が高くなり，乳児期に比べて格段と身のこなしが上手になった印象を受ける。

手指の動き（微細運動）については，1歳頃にはピンセット型のつまみ方ができるようになっているので，つまむ・つかむという動作は完成している。この先は，より細かい，複雑な動きができるようになっていき，食事や着脱衣などの基本的生活習慣が形成されるうえで必要とされる動きが獲得される。また，左手で画用紙を押さえながら，右手でクレヨンを持って絵を描くといった左右の手を別々に使いながらの活動ができるようになることから，簡単な製作や造形活動も楽しめ，遊びや活動の幅が広がる。

表3－2　幼児前期の粗大運動と微細運動の発達の目安

年月齢	全身運動（粗大運動）	手指の運動（微細運動）
1：3	80％の子どもが歩行可能。	小さな物をコップやビンに入れたり出したりする。 厚地の絵本のページを2～3ページまとめてめくる。 クレヨンでなぐり描きをする。
1：6	100％の子どもが歩行可能。 まっすぐに歩けるが方向転換はぎこちない。 片手で支えて階段を昇る。	積木を2つ3つ重ねる。 スプーンで汁を飲む。
1：9	しゃがんだまま遊べる。 大きなボールを蹴る。 爪先立ち歩きができる。	5つ6つの積み木を積み上げることができる。 スプーンを使って食べる。　コップから水を飲む。 ストローで飲める。　　　　鉛筆で曲線を描く。 みかんの皮がむける。　　　服のスナップを外す。
2：0 ～ 2：6	両足でピョンピョン跳ぶことができる。 歩幅が狭くなり転ばないで走る。 歩行運動の完成。 足踏み式に階段を昇り降りする。	積木を横に2つ3つ並べる。 厚地の絵本を1ページずつめくる。 ビーチボールのようなものを投げることができ，投げたときに転ばない。ちょうどよいところに投げてやると受け取れる。
2：6 ～ 3：0	滑り台に登って滑る。 45cmほどの高さから飛び降りることができる。	コップや茶碗に入っている水をこぼさずに飲む。 手本を示してやるとクレヨンなどで垂直線が書ける。 色紙を二つに折る。　　ハサミを使って紙を切る。

（藤野信行編著：『改訂　乳幼児の発達と教育心理学』，建帛社，pp.32～34，2003をもとに作成）

2. 感覚・知覚の発達

(1) さまざまな知覚能力の発達

　身体機能が発達してきて，思うような動きができるようになり，日常生活の動作もこなせるようになってきたこの時期の子どもは，どのように外界の事物の重さや形などを知覚しているのだろうか。この時期の子どもの知覚能力は次のようにまとめられる。

1）色の知覚

　生後6か月頃には赤・青・黄・緑などの原色の色を識別することができるが，色に特別な興味をもちだすのは2歳頃である。色に名前があることがわかると，身の回りの物

を指差しては,「これは何色?」と聞き,理解すると次々と物を指差して,「これはあか」,「これはみどりだね」と色を確認していく。色を弁別する能力は2歳以降,急速に発達し,3歳児の大半は色を理解している。

2) 形の知覚

2歳半で完成する。図形弁別の手がかりとしては,形,大きさ,方向の順に発達していく。また,立体形の弁別ができるようになってから,平面図形の分別ができるようになるが,平面図形の中でも,絵や写真などの具体的な図形が弁別できるようになってから,三角形や四角形といった平面幾何学図形の弁別ができるようになる。

3) 大きさの知覚

大小や長短を区別する力は,1歳頃から見られるようになる。田中ビネー式知能検査の課題(大小の円を用いた大きさの比較判断課題)では,2歳で半数以上の子どもが,3歳を過ぎるとほとんどの子どもが正解していることから,幼児前期の間に大きさを見分ける能力が発達しているといえる。

4) 方位の知覚

方位の知覚の発達は他の知覚弁別能力に比べると遅い。幼児が平気で絵をさかさまに見たり,さかさまに書いたりするのは,空間の方位の知覚がはっきりと形成されていないからである。方位の発達の順序としては,2歳半で上下の位置関係が理解できるようになるが,左右の位置関係については4歳前後,東西南北の方向については児童期に入ってからである。

5) 距離の知覚

奥行きや深さについては,乳児期にかなり正確に知覚できている。しかし,空間という抽象的な概念は幼児期にはまだしっかりと形成されていないことから,どれくらい遠い/近いか,という距離については児童期になってから正確に知覚できるようになる。

6) 時間の知覚

2歳児ではまだ時間の感覚は未分化であり,現在と非現在の区別がつかない。過去の出来事を明確に認識したり未来の出来事を思い描いたりすることが難しいため,大人から「あとでね」や「さっき〜したでしょ」と言われてもその意味が理解できていない場合がある。しかし,3歳になると「きのう・きょう・あした」という言葉が表れるようになるため,過去・現在・未来についておおよそ理解している。

(2) 幼児前期に特有の知覚

幼児は自分の世界と他者の世界を区別することが難しく,主観的で感情的な見方をすることが特徴である。知覚の発達は,未分化なものから分化されたものへ,主観的なものから客観的なものへ,感情的なものから思考的なものへとたどっていくが,幼児前期の子どもの知覚の発達段階は,主観と客観が未分化であり,感情的な見方をする段階にある。幼児の知覚を特徴づけるものとして,以下のものが挙げられる。

1）相貌的知覚

　子どもは，椅子が倒れているのを見て「椅子が寝ている」と表現してみたり，ひびが入ったコップを見て「痛そうだね」と言ったりする。生命のない事物に，人間が抱く喜怒哀楽などの感情や表情を見て取るのだが，ウェルナーはこれを「相貌的知覚」と呼んだ。

　椅子や机を乱暴に蹴ったり，おもちゃを投げたりしたときに，「椅子が痛い痛いと言っているよ」などと言葉がけをすることがあるが，これはこの時期の子どもの知覚に対応した適切な言葉がけといえる。

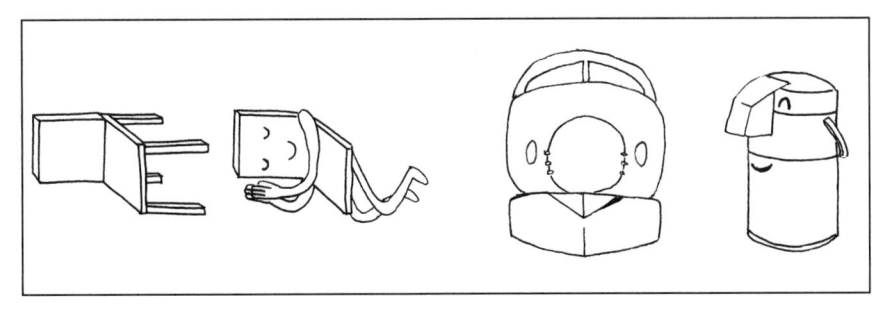

図3－2　相貌的知覚の例

2）共感覚

　子どもには音を聞くと色が見えたり，音に匂いを感じたりすることがある。音は聴覚によって知覚されるが，この場合は同時に視覚から色を感じたり，嗅覚から匂いを感じたりする。このように，ある刺激に対して通常の感覚だけでなく，それに随伴して他の種類の感覚も同時に働くことを共感覚という。この時期の子どもに特有のものであり，知覚が未分化であるために生じるのだが，成人してもなお共感覚をもち続けている場合もある。

3）図と地の未分化

　ある物が他の物を背景として全体の中から浮き上がり，明確に知覚されるとき，前者を図といい，背景に退く物を地という。私たちが知覚するとき，図と地の2つが明確に区別され，無意識のうちに図のほうが重要な情報であると理解して見ていることになる。しかし幼児の場合はこの図と地が未分化であるため，両者を混同してしまう場合がある。

3. 言葉の発達

　幼児前期は言葉の発達が著しい時期である。乳児期には一語文であったのが，二語文，多語文と，言葉をつなげて話せるようになり，3歳の終わりには語彙は1,000語近くまで増加し，基本的な文法を理解して，間違いはあっても日常会話には困らなくなる。

(1) 話し言葉の発達

　2歳くらいになると，「ワンワン　ネンネ」（犬が寝ているよ），「マンマ　モット」（もっとごはんちょうだい）というように二語文で話すようになる。これは電報の文体のように非常に圧縮された言い方であるので，伝文体発話とも呼ばれる。しかし，二語文は単に単語を並べているだけでなく，文法的な構造が表れており，一語文と比較すると質的な変化が見られる。

　一語文に比べると，子どもが伝えたい内容がより明確に理解されるようになるが，まだ文脈などの助けがないと大人には解釈が難しい場合もある。また，2歳児では会話を続けるということは困難で，たいていの場合，大人の発話に対して適切な形で答えることは難しく，独り言と会話の混じった奇妙なものになりがちである。

　語彙は年齢とともに増加するが，図3－3からもわかるように，獲得語彙が50語をすぎたあたりから急激に増加し，2歳には200語から300語に到達する。この時期を「語彙の爆発的増加期」と呼ぶ。

　この時期に，子どもは「ものには名前がある」ということに気づき，目の前にある事物を指差しては「コレ，ナーニ？」と周りの大人にしきりに尋ねるようになる。この時期を「命名期」という。子どもは視界に入る事物の名前を片端から尋ねてくるが，正答を求めているわけではないので，カテゴリーや簡単な名称で答えてあげると，子どもは安心する。しかし，対応だけはきちんとする必要がある。発語に対しての反応がないと，発語すること自体が停滞してしまうからである。

　2歳半になると「モット　マンマ　チョウダイ」などと言うように，三語以上をつなげた多語文で話すようになり，3歳になると文章に接続詞が入ってきて長い文章で話せるようになる。この頃は会話のスキルも身に付くようになり，文法的な間違いはあっても，日常生活には困らないほど大人との会話が成立するようになる。

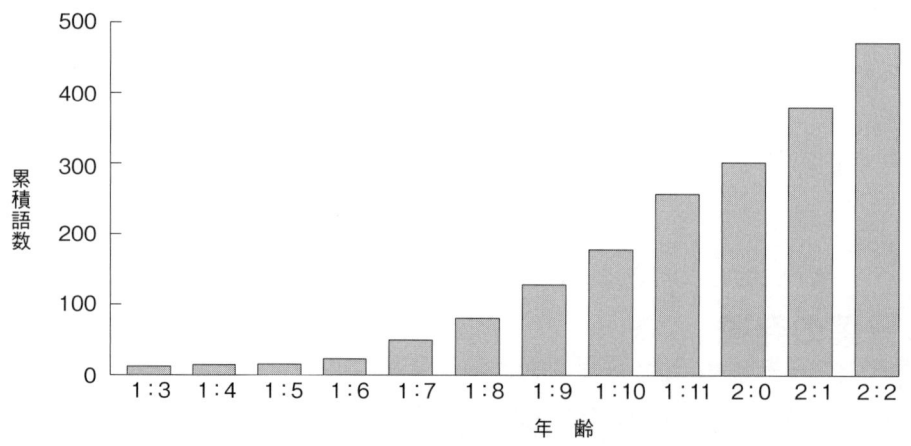

図3－3　語彙の爆発的増加の1事例（荻野・小林，1999）
（桐谷滋編著：『ことばの獲得』，ミネルヴァ書房，p.103，1999）

（2）幼児の言葉の特徴

　幼児の言葉には，大人にはない幼児に独特の発音上の特徴があったり，また言葉の示す意味の範囲にずれが生じていたりする場合がある。

1）幼児音

　正確には「うさぎさん」と発音すべきところを「ウタギタン」と言ったりするように，幼児が発する言葉は時に，舌足らずであり，大人にはかわいらしい印象を与える。こうした独特の発音はどの子どもにも表れ，大人には見られない幼児に特有の発音であることから幼児音という。

　幼児音には表3－3のようにいくつかの種類がある。これは口腔や舌などの音声言語を作りだす構音器官の未発達から生じる発達上の現象であるため，発音が正確でないからといって，この時期に無理に矯正するものではない。また，大人が子どもの幼児音を真似るのは好ましくない。たとえば，「ヒコウキ」を「コウキ」と子どもが発音するように合わせて返答していると，子どもは聞こえたとおりに「コウキ」が正しい言葉であると理解してしまうからである。

　構音器官の発達に伴い，幼児音は年齢を経るごとに自然と減っていき，4歳までに構音はかなり高い水準にまで達する。しかし，サ行やラ行は構音しにくく，獲得が遅い傾向にあるが，これも学齢になる頃には水準に達する。

2）汎用と狭用

　幼児は，言葉の意味の範囲をずれて使っている場合がある。猫やウサギを指して「ワ

表3－3　主な幼児音

種類	特徴	例
省略	全音や子音が省略される。	ヒコウキ（hikouki）→コウキ（kouki） 　全音（hi）の省略 ユウビン（yu-bin）→ウービン（u-bin） 　子音（y）の省略
転置	音が入れ替わる。	マキモドシ→マキドモシ 　モドの順序が入れ替わる。
移行	行や音がずれる。	オサカナ→オタカナ 　サ行がタ行に移行する。
添加	省略の反対で母音に子音が付加される。	ウミ（umi）→ユミ（yumi） 　子音（y）が付加されている。
乱れ音	転置と移行が同時に起こる。	メザシ→メチダ 　ザ行がダ行，サ行がタ行に移行し，さらにダとチが入れ替わる。
融合	二語を一緒に用いる。	オー・チャイ（大きい？　小さい？） 　オーキイのオーとチイサイのサイがチャイとなって融合されている。

（藤野信行編：『改訂　乳幼児の発達と教育心理学』，建帛社，pp. 39～40，2003をもとに作成）

ンワン」と言ったり，よその犬を「ワンワンじゃない」と言ったりすることがある。つまり「ワンワン」という言葉が「犬」から拡大されて用いられていたり，ある特定の犬に限定して「ワンワン」と用いられていたりするのである。前者を汎用，後者を狭用といい，いずれも幼児に特徴的なものである。

4. 認知・思考の発達

　乳幼児の認知・思考の発達はピアジェの認知発達理論によって明らかになり，現在もそれを基本に考えられている。ピアジェは子どもが物を理解するときの枠組みを「シェマ」と名付け，外界からの刺激をシェマに合わせて認識することを「同化」，刺激に対してシェマを変化させることを「調節」と呼び，幼児の認知発達は同化と調節を繰り返していくと考えた。そして子どもの認知の発達を「感覚運動期」，「前操作期」，「具体的操作期」，「形式的操作期」の4段階に分けた。幼児期は感覚運動期の段階を経て，「前操作期」にあたる。中でも幼児前期は，「前操作期」の中の「前概念的思考段階」にあたる。

　乳児期から幼児期にかけては，それまでの感覚運動的段階から表象的思考段階へと移行する大きな節目となる。表象とは，「今，目の前にないもの」をイメージとして思い

表3－4　ピアジェの認知発達段階（郷式，2003を改編）

基本段階				下位段階		
前論理的思考段階	感覚運動期		誕生〜2歳	第1段階	反射の行使	0〜1か月
				第2段階	最初の獲得性適応と第一次循環反応	1〜4か月
				第3段階	第二次循環反応および興味ある光景を持続させる手法	4〜8か月
				第4段階	第二次シェマの協応と新しい状況への適用	8〜12か月
				第5段階	第三次循環反応と能動的実験による新しい手段の発見	12〜18か月
				第6段階	心的結合による新しい手段の発見	18〜24か月
	表象的思考段階	前操作期	2〜7歳	第1段階	前概念的思考段階	2〜4歳
				第2段階	直観的思考段階	4〜7歳
論理的思考段階		具体的操作期	7〜11歳	物理的実在に限定した論理的思考		
		形式的操作期	11〜15歳	物理的実在から解放された抽象的思考		

（川島一夫・渡辺弥生編著：『図で理解する発達―新しい発達心理学への招待―』，福村出版，p.66，2010を改変）

浮かべる作用のことである。1歳半頃の子どもは，目をつぶって「眠ったふり」，空のコップを持って「飲むふり」などができるが，これはすでに表象が芽生えていることを表している。この時期の子どもの遊びや活動からは，この時期の子どもに表象機能が備わり，内面の世界が豊かになっていることがわかる。

1）延滞模倣
モデルが目の前にいない状態での模倣で，過去の体験や以前観察した手本を思い出して再現することができる。

2）見立て遊び
積み木を並べて電車に見立てて走らせるなど，2歳頃から見立て遊びが盛んに見られるようになる。これは，実際に目の前にある事物（「所記」：意味されるもの）と，その事物を表そうとするもの（「能記」：意味するもの）とが分化・分離してきたことを示している。今，ここにあるもの（積み木）を，本来の機能から切り離し，子どもの内面で自由に意味づけ（電車）して楽しんでいるのである。

5. 基本的生活習慣の確立と自我の発達

(1) 基本的生活習慣の確立

生理的欲求である「食事」，「睡眠」，「排泄」に，人としての生活を送るのに必要な「着脱衣」，「清潔」の5つを「基本的生活習慣」と呼ぶ。幼児前期は本格的な運動機能が備わり，好奇心と「自分でやりたい！」という意欲が表れるようになる。言葉による理解も進むこの時期は，日常生活の中で基本的生活習慣を確立するのにふさわしい時期といえる。

1）食　　事
食事の習慣の自立は，微細運動の発達に従って進む。2歳になると大部分の子どもは自分で食べるようになる。ただし，食べこぼしたり，食器をひっくり返したりなどまだ目は離せないが，この「自分で食べたい気持ち」をそがないよう，見守ることが必要である。2歳半になると，スプーンと茶碗をそれぞれに持って食べることができるようになり，3歳になると握り箸ではあるが，箸を使用し，だいたいこぼさずに食べられるようになる。

2）睡　　眠
基本的欲求でもある睡眠は，深い眠りの間に成長ホルモンが分泌されることからも，成長過程の子どもにとって大きな意味がある。2歳未満の子どもは昼寝をするが，それ以後の年齢では個人差がある。2歳半で添い寝を必要とせず，一人で寝ることができるようになる。

3）排　　泄
2歳になるまでには便意を予告するようになるので，昼間はおむつが不要になる。か

つてはトイレットトレーニングと称する排泄のしつけを1歳未満の早い時期に始めていたこともあったが，膀胱や肛門の括約筋を自分の意思でコントロールするのに必要な神経系統の発達を待たなくては，身体機能上，無理させることになるため，最近ではしつけを早くから行うことにはそれほど意味がないとされている。

4）着脱衣

食事と同様に，微細運動の発達に沿って進むことになる。ボタンを触ったり，靴下を引っ張ったりしはじめる機会をとらえて開始するとよい。2歳を過ぎると，一人で洋服を脱ごうとし，2歳半には自分で着ようとしはじめ，靴も履けるようになるが，着脱衣の自立が完了するのは6歳になる頃である。

5）清 潔

排泄と異なり，生理的欲求でないため，自主的に楽しめる活動に結びつくよう食事の前後，外出後など，他の行為と順序づけて習慣化させるなどの工夫が必要である。2歳半で手を洗い，3歳頃には顔を拭くことができるようになる。

表3−5 幼児前期の基本的生活習慣自立の標準年齢（谷田貝，2003）

年齢	食 事	睡 眠	排 泄	着脱衣	清 潔
1：0	・自分で食事をしようとする				
1：6	・自分でコップを持って飲む ・スプーンを自分で持って食べる ・食事前後の挨拶			・一人で脱ごうとする	・就寝前の歯磨き
2：0	・こぼさないで飲む	・就寝前後の挨拶		・一人で着ようとする	
2：6	・スプーンと茶碗を両手で使用		・排尿排便の事後通告	・靴を履く ・帽子を被る	・うがい ・手を洗う
3：0	・こぼさないで食事をする		・排尿排便の予告 ・付き添えば一人で排尿ができる	・パンツを履く	・顔を拭く ・石鹸の使用

（谷田貝公昭・高橋弥生：『データでみる幼児の基本的生活習慣 第2版 —基本的生活習慣の発達基準に関する研究—』，一藝社，pp. 102〜121，2007をもとに作成）

（2）自我の芽生えと反抗期

1）自己意識と自立心の芽生え

2歳になると，鏡に映る自己像も，「鏡に映った自分自身の姿」であることを理解できるようになるが，加えて，性別意識もこの頃からはっきりしてくる。2歳半から3歳にかけて，一人称で話すときに男児は「ぼく」，「おれ」，女児は「わたし」と呼ぶようになる。この頃，男児にとっては父親が，女児にとっては母親が同一視の対象となり，

模倣のモデルになる。

　母親への愛着は2歳頃にピークに達するが，2歳を過ぎると次第に母親から離れることができるようになり，3歳頃には母親がそばにいなくても安定して過ごすことができるようになる。この頃，次第に基本的生活習慣が身に付いてくると，着脱衣などに関して大人からの援助を拒む姿が見られる。「自分でできる！」「自分でやる！」という自立心の表れであるが，これまで大人の援助なしにはできなかったことが，自分一人の力でできるようになり，「自分にもこれだけのことができる！」と実感することで，自信や有能感が生まれる。そしてこの自信や有能感がバックグラウンドになって，さらに自分というものを意識するようになり，ここに自我が生じてくる。

2）反 抗 期

　発達に伴い，できることが増えてくると，自分の欲求が強くでてくるようになり，自分の力でその欲求を満たしたくなり，自己主張が強くなる。ところが，この時期はちょうど周囲の大人，特に母親がしつけと称してその欲求を退け，子どもの要求を制限したり，禁止したり，強制したりすることがある。子どもはこれらに強く抵抗し，「イヤダ，イヤダ」と反対したり，拒否したりするようになる。この現象を第一次反抗期といい，2歳から4歳頃に生じ，5歳を過ぎる頃には目立たなくなる。この反抗現象が起こる理由は，子どもの発達において自我が生じたためである。

　大人からすれば，これまで素直で大人の言うことを聞いていた子どもが，ある時から急に聞き分けが悪くなって逆らうようになり，たいへん扱いにくく感じる。しかし，これは反抗というよりも「自己主張」である。これまで依存していた対象から離れ，自立していく過程で生じる発達的な現象であるので，親はくれぐれも上から押さえつけるように対処するのではなく，やさしく見守りつつ，さらに援助するように扱うことが必要となってくる。

第3章　学びのポイント
　運動機能や言葉が著しく発達し，基本的生活習慣が身に付いてくるこの時期は，反抗期とも呼ばれ，自己主張が強くなる。これは自我が芽生えたことによるもので，自立へ向けた第一歩である。

【参考文献】
・村田孝次：『改訂版　児童心理学入門』，培風館（1986）
・今泉信人編：『保育のためのガイド乳幼児心理学』，北大路書房（1986）
・山内光哉編：『発達心理学（上）―周産・新生児・乳児・幼児・児童期―　第2版』，ナカニシヤ出版（1989）
・川上清文・内藤俊史・藤谷智子：『図説　乳幼児発達心理学』，同文書院（1990）
・高橋道子・藤﨑眞知代・仲真紀子・野田幸江：『子どもの発達心理学』，新曜社（1993）

- 桜井茂男・岩立京子編著：『たのしく学べる乳幼児の心理』，福村出版（1997）
- 後藤宗理編：『乳幼児発達心理学』，みらい（1998）
- 桐谷滋編著：『ことばの獲得』，ミネルヴァ書房（1999）
- 川村一夫編著：『図で読む心理学　発達』，福村出版（2001）
- 藤野信行編：『改訂　乳幼児の発達と教育心理学』，建帛社（2003）
- 岩井邦夫・高橋道子・高橋義信・堀内ゆかり：『グラフィック　乳幼児心理学』，サイエンス社（2006）
- 谷田貝公昭・高橋弥生：『データでみる幼児の基本的生活習慣　第2版―基本的生活習慣の発達基準に関する研究―』，一藝社（2007）
- 無藤隆・岩立京子編著：『乳幼児心理学』，北大路書房（2009）
- 川島一夫・渡辺弥生編著：『図で理解する発達―新しい発達心理学への招待―』，福村出版（2010）
- 遠藤利彦・佐久間路子・徳田治子・野田淳子：『乳幼児のこころ　子育ち・子育ての発達心理学』，有斐閣（2011）

コラム

三歳児神話について

「三歳児神話」という言葉がある。これは，「子どもは3歳までは母親の手によって育てられるべきだ」という子育て上の考えで，低年齢児を保育所に預けて女性が働くことを否定的にとらえる根拠の1つになっている。

母親の手で育てず，低年齢のうちから保育所に預けると，その子どもには発達上の悪い影響がはたしてあるのかどうか。研究者が検討した結果，「真ではない」ことが明らかになり，「平成10年版厚生白書」では「三歳児神話には，少なくとも合理的な根拠は認められない」と明記されている。

その後，乳幼児の研究が進むにつれて，「三歳児神話」にも新しい意味が付与されるようになった。2001年に設立された日本赤ちゃん学会の第1回大会において，「三歳児神話を検証する」というテーマに沿って研究者間で議論が交わされたのだが，当時の記録を読んでみると，そこで展開されたのは，子どもの成長発達において，3歳までの時期がとても重要な時期であることの再確認と，特に脳発達における環境の重要性であった。

社会の動向や，新たな知見などにより，「三歳児神話」には，まだまだ議論したり検討したりする余地が残っているといえそうだ。

第4章
発達の理解③
―幼児後期

　3歳から6歳までの**幼児後期**は，人格形成のうえで重要な時期である。身体，運動，認知の各側面がますます発達すると同時に，自己概念が発達していく。幼稚園等の集団生活も始まり，生活の範囲も広がる。集団生活において，さまざまな体験をしながら，自発性を獲得し，社会性が発達する時期である。

1. 身体と運動機能の発達

(1) 身体の発達

　この時期も身長，体重の伸びは著しく，身長は3歳（約94cm）から6歳（約114cm）までの間に約20cm，体重は3歳から6歳までの間に，約13kgから約20kgとなり，7kgほど増加している。出生時と比較すると，5歳の時に身長は約2倍，体重は約5倍となる（図4－1参照）。

　これらの外見上の変化は，体内の変化を伴っている。乳幼児期には骨の質・量が大きく変化するが，手根骨の化骨状態から骨の発育状態を知ることができる。4歳半から5歳で手根骨は成人の半分の4～5個

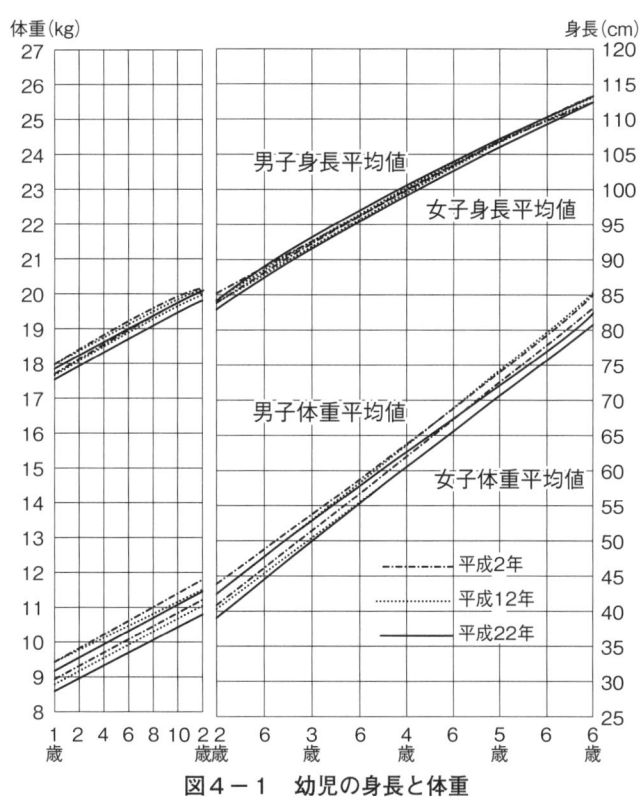

図4－1　幼児の身長と体重
（厚生労働省　平成22年乳幼児身体発育調査報告書）

になる。6歳になると手根骨の化骨が進み、6個になる。

中枢神経系も発達し、脳の重量は4,5歳で約1,200ｇとなり、成人の約90％に達する。神経ネットワークの構築も進み、利き手が明確になるのもこの時期である。

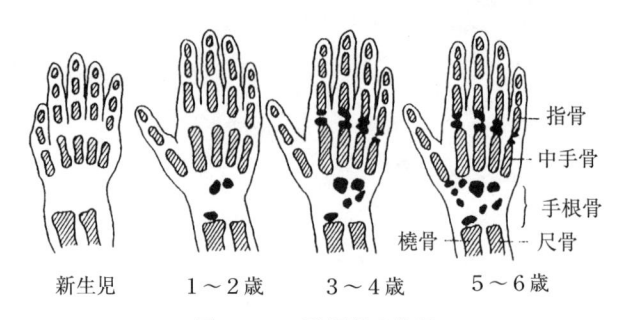

図4－2　手根骨の化骨
（菊池秀範・石井美晴編：『新訂　子どもと健康』、萌文書林、p.13、2008）

（2）運動機能の発達

2歳までの間に基礎的運動を身に付けた幼児は、身体の発達や脳神経系の発達に伴いさらに複雑でなめらかな動きができるようになる。2歳から7歳の間に、大人が日常的に行う動作の型である**基本的運動**を身に付ける。0歳から6歳までの粗大運動、微細運動の発達の様子は、図4－3に示す。この図からもわかるように、発達の個人差は大きい。

2～3歳では、ジャンプや片足立ちなどの運動ができるようになるが、リズミカルな調和のとれた動きではなく、ぎこちない動きである。4～5歳頃になると、**調整運動**ができるようになる。調整運動とは、自分の身体をコントロールしながら行う運動のことである。例えば、平均台の上を上手に歩くには、自分の身体を調節し、バランスをとりながら移動しなくてはならない。その他に、リズムにのってスキップしたり、毬つきしたりと、身体の各部位を協応させ、調和のとれたリズミカルな動きがスムーズにできるようになる。6～7歳になると、さらに身体の各部を協応させた、なめらかな動きが可能になる。補助なしの自転車に乗る、ボールをつきながら走る、棒登り、ジグザグ走りなども巧みになる。また、5、6歳児になると、山登りなどの長い時間運動し続ける持久力もついてくる。

手指の動作に関しても、飛躍的な発達を示す。これには、利き手が決まってくることや知覚能力の発達も関係している。5歳頃から、両手を協応させて、紐を堅結びすることができるようになってくる。また、輪郭からはみ出さないように、ぬり絵ができるようになる。このように両手の協応操作が確立してくることで、道具を使った製作活動への意欲や関心が高まる。

（3）表現の発達

脳神経系や調整運動の発達に伴い、幼児の表現力は飛躍的に向上する。

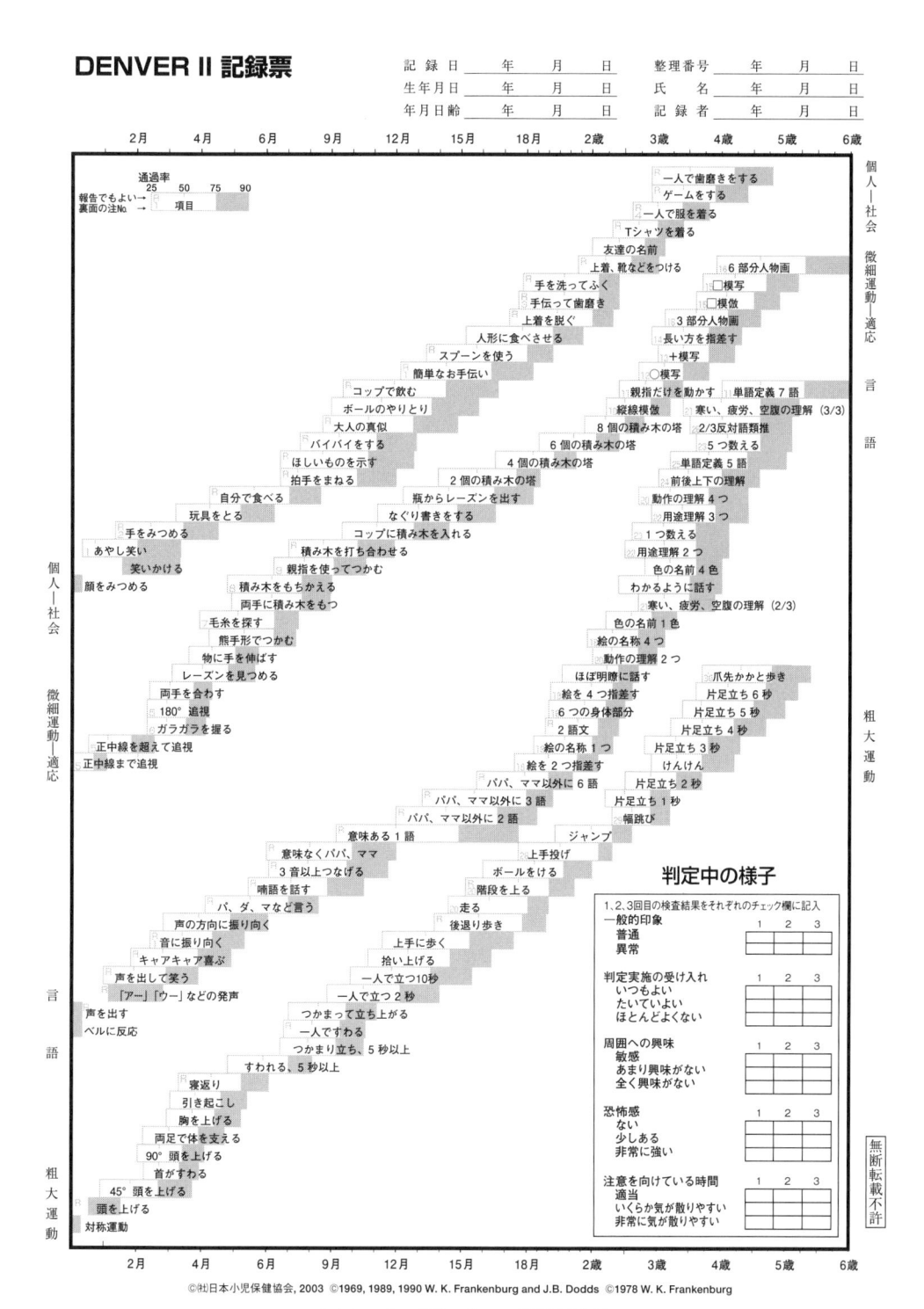

図4−3 デンバーⅡ発達判定法
(㈳日本小児保健協会,2003)

1. 身体と運動機能の発達

1）描画の発達

描画の発達は，**なぐり描き**期，象徴期，図式期，写実期の4つに分類される（表4－1参照）。1歳半から2歳半にかけてのなぐり描き期の初期には，短い線や点がたたきつけられるように描かれる。調整運動の未発達な子どもが，肩を軸に腕全体で描くためにそのような図になる。肘を軸に動かせるようになると，弓形の横線が描け，手首の調

表4－1　描画の発達段階と各段階の特徴

年齢	描画の発達段階	各段階の特徴	例
1歳半 2歳半	なぐり描き期	・短い線や点をたたきつけるように描く ・運動衝動が優位にたつ表現	なぐり描き
	象徴期	・円や渦巻きなどを描き，何かの再現として意味づける ・円，四角形などの簡単な形を使って人（頭足人）を表現	頭足人
5歳 8歳	図式期	・人や家，花など図式的表現が出現 ・見たままではなく，透明画，分かち描き，展開描法，多視点画など，知っていることを描く（知的リアリズム）の傾向	透明画（奥に隠れたコップを透けて見えるように描く）　分かち描き（奥に隠れたコップを上に描く） 展開描法（円筒形の描画。すべての面を描く）　多視点画と展開描法（コップの縁は上から，残りは横から描く）
	写実期	・均整のとれた表現，ある特定の視点からの表現が可能 ・視覚的に写実的な表現（視覚的リアリズム）が増加	

（田口雅徳：幼児期の描画発達と空間認知の発達との関連，広島大学大学院教育学研究科紀要　第一部，50，pp.73～82，2001を改変）

整ができるようになると，縦線や渦巻きを描けるようになる。この時期の子どもは，何かを表現しようという意図はなく，どちらかというと動き自体を楽しんでいる。

次の段階は，円，四角形，三角形，十字架などの簡単な形が描けるようになる。そして，この時期に特徴的な**頭足人**と呼ばれる絵が描かれる。これは胴と頭の区別がない1つの円から線を引き，縦の線が脚を，横の線が腕を表現している人の絵である。頭足人はほとんどの子どもたちが描く。しかし，描く期間には個人差があり，短い子もいれば，長い間描き続ける子もいる。大人から見ると奇妙な絵であるが，大事なことはその子の描きたいという思いや，絵の対象への思いである。周囲の大人たちはその部分を受け止めながら，言葉がけをしてほしい。

次の図式期では，人，花，家などが図式的に，それらしく描けるようになる。しかし，見たものを写実的に描くのではなく，見えていなくても知っていることを描く，**知的リアリズム**（リュケ，1977）[1]の傾向がある。例えば，車を横から描いた場合，車から透けて見えているかのように，中に乗っている人の身体まで描いたり（透明画），手前と奥に並べられたリンゴを描くとき，奥のリンゴを画面の上や横に描いたりと，見えない部分を左右上下に分けて描いたり（分かち描き）する。

この知的リアリズムの概念を実験的に確かめたのが，フリーマンとジャニコウン（1972）[2]である。実験協力者は5歳～9歳までの子ども60名（各年齢群は12名）だった。フリーマンらは把手の反対側に花模様が印刷されたマグカップを用意した。子どもたちはマグカップを手渡され，それをよく調べてからその名前を答えるように求められた。年長児の数名を除くすべての子どもたちが「カップ」と答えた。次に，子どもたちは，4フィート離れたところに置かれたそのカップを描くように言われた。その際，子どもたちには花模様のみが見え，カップの把手は見えないようにして置かれた。その結果，5歳～7歳までの子どもたちは，見えないはずの把手をつけてカップを描き，8歳と9歳児は把手を描くことはなかった。8歳児は見えていた花柄模様を描かないというエラーが起こったが，9歳児は全員，花模様を描き，把手を描かなかった。

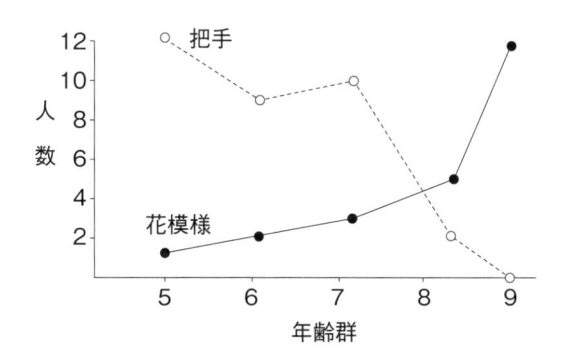

図4－4　模写課題で把手と花模様を描いた人数

(Freeman, N. J., & Janikoun, R. Intellectual realism in children's drawings of a familiar object with distinctive features. *Child Development*, 43, 1116-1121, 1972
平沼博将：3―4 描画，杉村伸一郎・坂田陽子：『実験で学ぶ発達心理学』，ナカニシヤ出版，pp.116～117, 2004)

2）音楽表現の発達

音楽表現も幼児後期に急激に発達する。リズム表現に関して，3歳頃になると，間が空いたり両手が同期して動いたりしながらも，両手を交互に開閉することができるようになってくる。簡単なリズム打ちもできるようになり，5歳までの間にリズムの正確さが飛躍的に増す。両手の交互開閉も正確にできるようになり，3拍子や4拍子のリズムに合わせて身体を動かすことができる。楽器を演奏したり，音楽に合わせて歌ったり，踊ったりできるようになる。

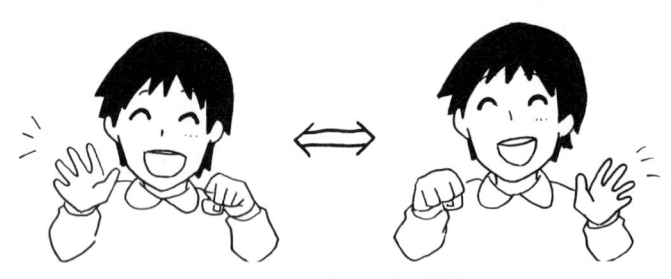

図4-5　両手の交互開閉

2. 言葉とコミュニケーションの発達

幼児前期から後期にかけて，言葉は著しい発達を示す。言葉が発達することによって，**表象機能**が発達し，思考が可能になる。それによって，遊びも「ごっこ遊び」のような**象徴遊び**へと発展していく。

(1) 言葉の発達

3～6歳までの期間に，語彙が増え，文法能力が発達し，会話のスキルを急速に獲得していく。語彙は3歳で約1,000語，4歳で約1,500語，5歳で約2,100語，6歳で約2,500語と，この時期に爆発的に増加する。

3歳くらいになると，単語を組み合わせて相手に意図を伝えていた多語文に助詞や接続詞が加わる。また，今日，明日といった時間を表す言葉の使用も増えてくる。つまり，時間感覚も理解するようになってくるのである。

4歳になると，平叙文が多くなり，今日幼稚園で体験した出来事などが報告できるようになる。そして，4歳くらいまでに基本的な文法構造を習得する。この頃，さまざまな質問をするが，**第一次質問期**（「コレ，ナーニ？」の質問が多い時期）と異なり，物事や事象の原因や結果を問う「なぜ？」，「どうして？」という質問が多い。この2番目の質問期のことを，**第二次質問期**という。大人にとっては難しい質問をされて，答えに窮することもあるかもしれないが，ゆったりとした気持ちで，焦らずに対応することが大事である。

5歳では、さらに平叙文が長くなり、質問の内容も高度になる。数字や文字にも興味をもち始める。ホームの看板の文字を読み上げたり、わからない文字があると親に聞いたりしている子どもを見かけるが、まさにこの時期に該当する。

6歳では、**二次的言葉**を獲得する時期である。二次的言葉とは、書き言葉や大勢の人に話をするときのような話し言葉のことである。それまでの段階は、**一次的言葉**といって、目の前の人と直接対話をしているので、その場での経験を共有しているため、言葉が足りなくても相手には伝わることもあるし、わからないことがあればすぐに質問して確認することができた。しかし、二次的言葉は、手紙のように、その場にいない相手に対して情報を伝えたり、皆の前で発表をしたりというときの言葉であるから、聞き返しはできない。どのように伝えたら相手によく理解してもらえるかを考えながら、文章を完成させなければならない。

(2) 言葉の機能

言葉には大きく3つの機能がある。**伝達機能，思考機能，行動調整機能**である。

1) 伝達機能と思考機能

言葉はシンボルである。そのシンボルを使って、他者と情報のやりとりをする。それが伝達機能である。一方、今ここにないもの、未来のこと、抽象的な事柄などを考える際に、**思考の道具**として言葉を使う。これが思考機能である。ヴィゴツキーは、コミュニケーションの道具としての言葉を**外言**、思考の道具としての言葉を**内言**といった。幼児の言語は外言が主で、他者とのコミュニケーションをするための伝達機能をもつ。

しかし、3歳頃の子どもを観察していると、遊びの場面で独り言を言っているときがある。ヴィゴツキーは、この独語が集団の中でも見られることから、自分自身に向けて用いる言葉ととらえ、外言から内言への移行期に見られる現象だと考えた。

ピアジェはこの独語のつぶやきを**自己中心語**と呼んだ。これは**自己中心的思考**に付随するものであり、発達とともに消えてなくなるものと考えた。

図4-6 遊びの中の独語

2）行動調整機能

　伝達機能や思考機能の他に，言葉には人間の行動を調整する働きがある。これを**行動調整機能**という。

　ルリアは言葉の機能が変化することによって，子どもは行動の統制を可能にしていくことを明らかにした。彼が行った実験課題は，子どもを光が見える実験装置の前に座らせ，光が見えたらゴム球を2回押すというものだった。3, 4歳児はこの課題ができず，意図とは関係なく何度もゴム球を押してしまった。そこで，大人が「押して，押して」と声をかけたり，自分自身で「押す，押す」と声をかけると，正しく課題を遂行できた。また，「イチ，ニ」というように2単位のかけ声をかけながらでも遂行できた。しかし，黙って2度押すように教示すると，2度押しができなくなる。ここで，「フタツ」と1単位の声をかけさせながら押させると，1度押ししかできない。

　つまり，3, 4歳の子どもは自分の行動をコントロールするのに，言葉の音刺激的側面が働いていると考えられる。「ヒトツ」でも「フタツ」でも，1単位のかけ声では同じように1回しかボタンを押すことができない。

　しかも面白いことに，いずれの課題でも実験者が子どもたちに何回押したかを尋ねると，「2回押した」と答えている。正しく押せたときだけでなく，でたらめに何度も押したときも，「フタツ」と言いながら1回しか押さなかったときでも，2回押したと言うのである。これは，自分の行動をモニターする機能やメタ認知（自分自身が認知できているかどうかを把握する能力）の働きが十分発達していないためである。

　これらの機能が発達してくる5歳半過ぎには，課題を正しく遂行できるようになり，「ヒトツ」に対して1回，「フタツ」に対して2回ボタン押しができる。

3. 認知の特徴

　スイスの心理学者ピアジェは，思考の発達を体系化した。ピアジェによれば，思考の発達は，感覚運動的段階（0～2歳頃まで）と表象的思考段階（2歳以降）に大別できる。表象的思考は，前操作期（2～7歳頃），具体的操作期（7～11歳頃），形式的操作期（11歳頃～）に分けられているが，ここでは前操作期の後半（4～7歳頃）の思考の特徴を中心に述べる。

　また，他者の感情認知と関連する**心の理論**についての説明する。

（1）直観的思考（4～7歳頃）

　4歳を過ぎる頃から言葉の獲得により，思考ができるようになる。具体的な物事を言葉に置き替えて，考えることができるが，論理的には不完全な時期である。この時期の思考は，**直観的思考**と呼ばれ，知覚的に目立つ特徴にだけに注目することで，思考が影響を受けるのである。見た感じ，聞こえた感じ，触った感じなどの感覚的な印象に，考

えが左右されるという認知の限界が見られる。以下にピアジェが行った実験を2つ紹介する。

1）保存の概念

a．量の保存の実験　同じ大きさの2つのコップに，同量の色水を用意する（図4－7参照）。子どもたちに，これらの量が同じであることを確認させる。次に，子どもたちが見ている前で，1つのコップの水を細長い別のコップに移し替える。この状態で子どもたちに水の量を判断してもらう。

この時期の子どもたちは，「同じ」と答えるよりは，「細長いコップのほうが多い」と答える。見た目によって思考が影響を受けていると考えられる。

b．数の保存　図4－7のように，まず色の異なる石を2列に並べる。上の列と下の列を対応させて並べておくので，子どもたちにどちらが多いかを尋ねると，「同じ」と回答する。そこで，子どもたちの見ている前で，片方の列のおはじきの間隔を広げる。そして，再びどちらの列の数が多いか少ないか，それとも同じかを問うと，子どもたちは間隔の広い列のほうを多いと答える。これも思考が見た目に左右されている。

量の保存，数の保存とも，次の具体的操作期には正しく答えられるようになる。

	相等性の確定	変形操作	保存の判断
液量	容器の形や大きさの変化によっても，その中の液量は変わらない。		
液量	 どちらも同じ入れものの中に色水が同じだけ入っていますね。	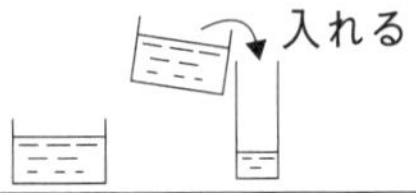 こちらの色水を別の入れものに全部移し替えます。	 さあ，色水はどちらも同じだけ入っていますか。それともどちらが多いかな。
数	集合内要素の配置の変化によっても，その集合の大きさは変わらない。		
数	白色の石と黒色の石とでは，どちらも数が同じだけありますね。	いま，黒色のほうを並べ替えてみます。	さあ，白色と黒色とでは，その数は同じですか。それともどちらが多いかな。

図4－7　量の保存と数の保存の実験

(野呂正：思考の発達，野呂正編：『幼児心理学』，朝倉書店，1983
前田昭：5章　太陽が笑っている，川島一夫編著：『図で読む心理学　発達　改訂版』，福村出版，2001)

2）自己中心性　―3つ山問題―

自己中心性とは，幼児が自分自身を他者の立場に置いたり，他者の視点に立ったりすることができないことをいう。つまり，他者が自分とは異なる視点をもっていることを理解できないことである。ピアジェはこれを確かめるために，**3つ山問題**を実施した。

図4－8のような山が3つ配置されている模型を準備し，子どもたちにその模型の周

りをまわって，よく観察してもらう。次に，反対側に置いた人形から見ると，どんな風に見えるかを問うと，子どもたちは自分が見える景色と同じ景色を回答する。

（2）心の理論
1）あなたの考えていることがわかる

心の理論とは，他者の考えについての判断のことである。私たちは，「○○はこの事実を知らないで，こんな風に考えているから，こうするだろう」という具合に，心の中で表象を使いながら相手の行動を説明・予測している。そういう判断を「心の理論」という。

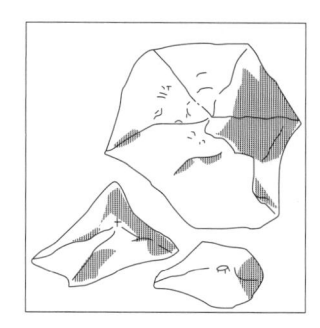

図4－8　3つ山問題

心の理論は，もともとはプレマックとウッドラフ（1978）[3]が，チンパンジーの観察をしていて発見し，報告したものである。チンパンジーは餌を見つけても，それが自分より上位のチンパンジーに見つかると餌を横取りされてしまうので，餌からは目をそらして上位チンパンジーをやり過ごすという「あざむき」行動を行うことを報告した。これが発達心理学や自閉症研究に応用されるようになっていったのである。

2）誤信念課題

「他者が自分とは異なる信念をもつ」ということを理解しているかどうかは，自分が知っている事実を相手は知らないときに，その相手の「誤信」を理解できるかどうかで調べられる。この文章だけ読むと難しく感じるが，実験例を見ると簡単である。

よく用いられる「スマーティーズ課題[4]」について説明しよう。スマーティーズはチョコレート菓子である。実験者は鞄からスマーティーズの箱を出し，子どもたちに何が入っていると思うかを質問する。すべての子どもが「スマーティーズ」あるいは「お菓子」と答える。実験者がその箱を開けると，中には鉛筆が入っている。そこで実験者は箱を閉じ，幼児がきちんと理解しているかどうかを確認したうえで，この場にいない子がこの箱を見たら，何が入っていると思うかを，子どもたちに尋ねる。4歳児は「スマーティーズ」と正しく回答できるが，3歳児は「鉛筆」と答えるのである。

自分は鉛筆が入っていることを知っていても，それを知らない子が見たら，きっと「スマーティーズ」が入っているという誤った信念をもつに違いないと，考えられるかどうかで，心の理論が形成されているかを判断する。多くの研究結果から，4歳～6歳にかけて，心の理論が形成されることがわかっている。また，自閉症の子どもたちは，この問題の正答率が低いことが確かめられている。

図4－9　スマーティーズ課題

4. 社会性の発達（遊びの中で身に付く社会性）

　子どもは楽しいから自発的に遊ぶ。その遊びを通して身体的・精神的なさまざまな機能が発達する。まず，遊び自体は身体的発達に支えられている。そして遊ぶことで，身体・運動機能はさらに発達していく。精神的な面では，知性，感情，自己意識，社会性などの発達が見られる。知性の発達には，言語能力，判断力，創造力，類推力などの発達が含まれる。感情の発達では，自分の感情に気づくこと，他者の感情を理解することが含まれる。自己意識では，意思，有能感，羞恥心，自己評価など，社会性では，自己主張，自己抑制，ルールの理解，道徳性，競争，協力，思いやり，正義感などが含まれる。

（1）遊びの発達

　パーテン（1932）は，遊びを，「何も専念していない」，「一人遊び」，「傍観」，「並行遊び」，「連合遊び」，「協同遊び」の6段階に分類している。基本的にはこの順序で発達するが，必ずしも直線的に発達するのではない。時に複数の段階が混在することもある。
　幼児後期の4，5歳児では，連合遊びと協同遊びが中心になる。連合遊びは，他児と一緒になって遊ぶ状態である。一緒にお絵描きしたり，追いかけっこをしたりというのがこれに該当する。協同遊びは，一緒に遊ぶのであるが，その時にさまざまな役割を担っているのである。
　こういった遊びをしていると必ず起こるのが，子ども同士のぶつかり合いだ。このようなぶつかり合いから，子どもたちはさまざまなことを学んでいく。例えば，自己制御機能もその1つである。

（2）自己制御機能

　自己制御機能には，自分の要求や欲求，考えを主張する**自己主張**と，それらを抑え，我慢するという**自己抑制**の2つの側面がある。自己主張ばかりでは，相手に嫌な思いを

させてしまうし，我慢ばかりしていたのでは，伸び伸びとした成長が期待できなくなってしまう。どちらもバランスよく必要である。

　自己主張のほうは男女間に差はなく同じように発達しているが，自己抑制は女児のほうが得点は高く，特に6歳後半での得点の伸びが著しい。遊びの中で友だちとケンカをすることで，我慢することや相手への思いやりを学びとっていく。そして協調性や道徳性を身に付ける。したがって，ケンカは子どもたちが成長するチャンスなのである。

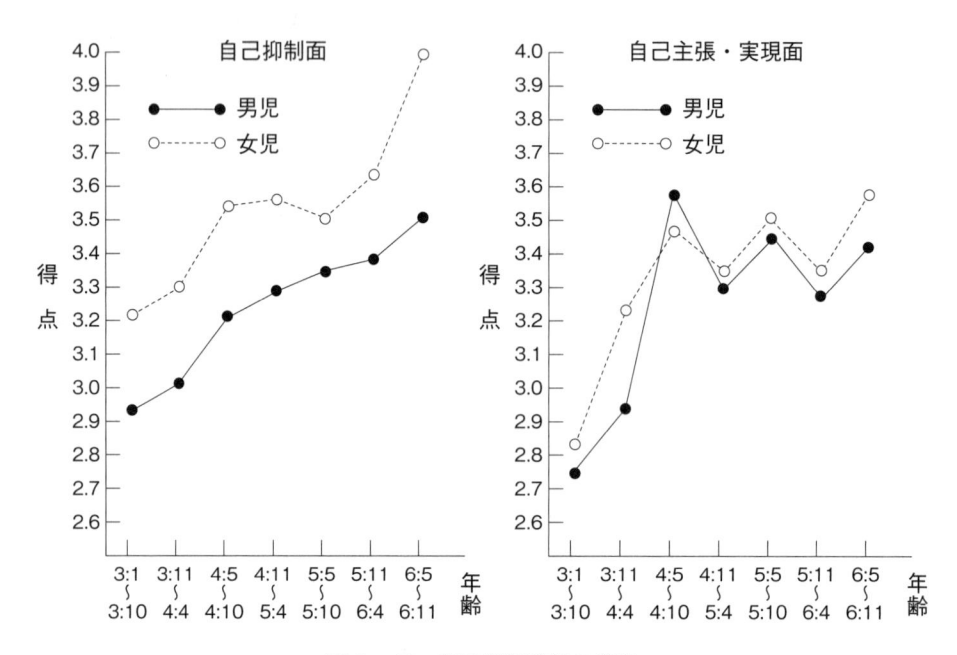

図4－10　自己制御機能の発達
（柏木惠子：『幼児期における「自己」の発達：行動の自己制御機能を中心に』，東京大学出版会，1988）

第4章　学びのポイント

　幼児後期の子どもたちは，遊びを通して，身体・運動面，精神面，社会的側面を発達させる。この時期にたくさんの「できる」体験をして，自尊感情を高めることは，その後の発達に重要である。

【引用文献】

1）Luquet, G. H. Le dessin enfantin. Paris : Delachaux & Niestle（1977）
須賀哲夫監訳：『子どもの絵：児童画研究の源流』，金子書房（1979）
2）Freeman, N. J., & Janikoun, R. Intellectual realism in children's drawings of a familiar object with distinctive features. *Child Development*, 43, 1116–1121（1972）
3）Premack, D., & Woodruff, G. Does the chimpanzee have a theory of mind? *The Behavioral and Brain Sciences*, 1, 515–526（1978）
4）Perner, J., Frith, U., Leslie, A. M., & Leekam, S.R. Exploration of the autistic child's theory of mind: Knowledge, belief, and communication. *Child Development*, 60, 689–700（1989）

【参考文献】

・深谷昌志監修：『子どもの「こころの力」を育てる―レジリエンス―』，明治図書出版（2009）
・藤野信行編著：『改訂　乳幼児の発達と教育心理学』，建帛社（1998）
・古荘純一：『日本の子どもの自尊感情はなぜ低いのか』，光文社（2009）
・長谷部比呂美・日比曉美・山岸道子：『保育の心理を学ぶ』，ななみ書房（2011）
・無藤隆・清水益治編著：『保育心理学』，北大路書房（2009）
・田中真介監修：『発達がわかれば子どもが見える』，ぎょうせい（2009）
・内田信子：『発達心理学』，岩波書店（1999）
・若尾良徳・岡部康成編著：『発達心理学で読み解く保育エピソード』，北樹出版（2010）

コラム

レジリエンスと自尊感情

2011年，日本は大きな自然災害に見舞われ，大勢の被災者をだした。また，現在の日本の状況は，長引く経済不況，うつ病の増加，虐待，ドメスティックバイオレンス（DV），政治の混沌などなど，さまざまな不安要素があり，だれでもが辛い体験をする可能性がある。辛い出来事を体験したときに，その苦難を乗り越えて回復する力が必要である。

これが「レジリエンス（resilience）」である。「レジリエンス」とは，弾性とか回復力という意味で，困難な体験を乗り越えて，より成長するということを示している。近年，心理学界で注目されている概念である。わかりやすく言えば，困難な状況にも「へこたれず」「しなやかに」生きるということになる。

この「レジリエンス」と「自尊感情」は関係していることが明らかになっている。自尊感情の高い子どものほうが，低い子どもよりも立ち直りが早い。自尊感情に感する研究では，諸外国に比べ日本の子どもの自尊感情の低さが指摘されている。子どもたちが幼い頃からしっかりと「自尊感情」を身に付けられるような保育や教育が必要なのではないだろうか。

第5章
発達の理解 ④
──児童期 卒園した子どもたち 学校への第一歩

　本書で学ぶ皆さんが，実習で，さらに資格を取得して保育の現場に出て関わっていく子どもたちは，満6歳になった3月に保育所・幼稚園を卒園していく。卒園してしまうと，保育者はその後の継続的な関わりをもつことは難しくなってしまう。しかし，子どもたちの発達は，当然ではあるが卒園で途切れるものではなく，生涯にわたって連続していくものである。卒園後の子どもたちが，その後どのように発達していくのかを知っておくことは，皆さんが実践していく保育の質を高めることにもつながる。
　この章では，幼児期のその先，児童期において子どもたちがどのように発達していくのかについて学んでいこう。

1. 児童期とは

(1) 幼児期に続く児童期という時期

　児童期とは，幼児期終了後から思春期・青年期の手前までの時期をいう。年齢としては一般的に6，7歳から12，13歳までを指す。個人差が大きいものの，11，12歳くらいになると第二次性徴が見られるため，その頃を思春期の入り口にさしかかる前思春期という見方もできる。ここでは，児童期を学童の時期，小学校1年生（6，7歳）から6年生（11，12歳）までの小学生の時期として，その特徴を見ていこう。

(2) 初めての学校生活

　わが国では5歳児の97％は，保育所・幼稚園・認定こども園に通っている。幼児期は，知識を教えられて身に付けていく時期というよりも，遊びの中での直接的・具体的な体験を通して，生きる力の基礎となる心情，意欲，態度を形成していく時期と考える。幼児期の教育では，遊びを通して身体感覚を伴う多様な活動を経験することによって，豊かな感性を養うことを目的とする。それとともに，生涯にわたる学習意欲や学習態度の基礎となる好奇心や探究心を培い，また小学校以降における教科の内容等について実感を伴って深く理解できることにつながる「学習の芽生え」を培うことを重視している[1]。このように遊びを中心にして過ごしてきた保育所・幼稚園等を満6歳で卒園した

子どもたちは，4月から小学校という義務教育の場に初めて足を踏み入れることになる。

小学校では，それまでの保育所・幼稚園で過ごしてきた遊び中心の生活とは異なり，朝の会，1時間目，休み時間，2時間目，20分休み，3時間目，休み時間，4時間目，給食の時間，昼休み，掃除の時間，帰りの会というように，「時間」というもので区切られた時間割が組まれている。そしてその時間割に従って，教師主導のもとで学習することが期待されている。特に授業時間と休み時間とは明確に区別されており，チャイムの合図に従って行動することが求められる。

小学校では，基本的には学級ごとに一人の教師が，多数の児童を相手に授業を行う。知識や概念，特定の技術の修得などの各教科の学習内容は，学習指導要領にのっとって組まれている。学びは，国語，社会，算数，理科，生活，音楽，図画工作，家庭，体育の各教科と道徳，外国語活動，総合的な学習の時間，特別活動に分けられ，各教科授業時数が設定されている。それに従い，子どもたちは椅子に座って黒板に書かれたことをノートに書き写したり，発言したり，時にはテストを受けたりする。その中で学級の仲間と共同作業を行ったり，広い校庭で身体を動かして体力作りをしたり，スポーツをして仲間と競ったり，年の離れた上級生と交流したり，下級生の世話をしたりするなど，学級集団，学校集団の中での振る舞い方を学びながら，さまざまな体験をする。そして，子どもたちは生きていくうえで必要な基礎的知識を身に付け，それらを通じて幼児期以上にめざましく発達するのである。

このように，遊びを中心とした幼児期と教科等の学習を中心とする小学校教育とは，内容や指導方法は異なるものの，別モノではなく，保育所・幼稚園等から小学校へと連続したものである。

（3）小学校になじめない子どもたち

そのような中で，今，問題となっているのは，小学校に入学してもなかなか学校生活に慣れない子どもたちの存在である。時に，「小1プロブレム」と呼ばれる事象である。小学校に入学後，学校生活になじめずに落ち着かない状態がいつまでも解消されず，教師の話を聞かずに授業中に騒いだり，指示通りに行動しない，授業中に教室の中を勝手に立ち歩いたり，教室から出て行ったりするなど動き回ったりすることが長く続き，授業が成立しない状態へと拡大してしまう。

東京都が2009年と2010年に公立小学校の校長へ聞き取り調査を行ったところ[2]，2008年度では23.9％，2010年の4月から11月の間では18.2％で，1年生で授業が成立しない状況があった，と回答しており，小学校の4～5校に1校の割合で小学1年生児童の不適応問題が発生していることが示されている。また，不適応状況の発生時期で最も多いのは4月（71.8％）で，不適応状態の終了時期は，現在もおさまっていない（56.7％）が最も多く，次いで7月（11.8％）となっている。今までは多くの子どもたちが1か月もすれば小学校生活に慣れていたものが，近年では1学期，子どもによっては半年かかってもなかなかなじめずにいる状態にあることが明らかになった。その不適応の様子で最

も多いのは「授業中，勝手に教室の中を立ち歩いたり，教室の外へ出て行ったりする（70.2％）」，次いで「担任の指示通りに行動しない（65.1％）」である。

(4) 保育所・幼稚園と小学校との連携

　保育所・幼稚園を卒園した子どもたちがスムーズに小学校生活になじめるようにと，2009年4月から新しい保育所保育指針[3]と幼稚園教育要領[4]が施行され，小学校との連携の推進に関する内容が盛り込まれた。また小学校学習指導要領[5]においても，幼稚園に加え，保育所との連携が新たに明記された。これにより，保育所も保育所児童保育要録の作成が義務化され，小学校への送付も実施されている（表5-1）。

　小学校との連携は，保育所・幼稚園の子どもたちにとって，未知の世界である小学校に対して親しみをもつことができるし，卒園後の近い将来を見通すことができるようにもなる。また保育所・幼稚園での様子を小学校が把握することで，子ども一人ひとりに応じたよりきめ細かな指導が期待される。

表5-1　保育所と小学校との連携

第4章　保育の計画及び評価 　1　保育の計画 　(3)　指導計画の作成上，特に留意すべき事項 　エ　小学校との連携 　(ア) 子どもの生活や発達の連続性を踏まえ，保育の内容の工夫を図るとともに，就学に向けて，保育所の子どもと小学校の児童との交流，職員同士の交流，情報共有や相互理解など小学校との積極的な連携を図るよう配慮すること。 　(イ) 子どもに関する情報共有に関して，保育所に入所している子どもの就学に際し，市町村の支援の下に，子どもの育ちを支えるための資料が保育所から小学校へ送付されるようにすること。

（保育所保育指針　平成20年より抜粋）

2. 児童期の身体的発達

(1) こんなに大きくなるんだよ

　児童期の子どもたちの身体発達について見るために，1998年度生まれの子どもの平均的な身長と体重の変化を追ってみた。それによると，就学直前（年長組）の5歳の時の身長が男児110.8 cm，女児110 cmであったのに対し，小学校6年生の11歳の時には男児145.1 cm，女児146.9 cm，さらに中学1年生の12歳の計測時には男子152.4 cm，女子151.9 cmと，小学校にいた6年間にほぼ40 cmも身長が伸びていたことが認められた（図5-1）。一方，体重に関しては，就学直前の5歳の時には男児19.2 kg，女児18.8 kgであったのに対し，小学校6年生の11歳の時には男児38.4 kg，女児39 kg，中学1年生の12歳の計測時では男児44.1 kg，女児43.8 kgと，小学校にいた6年間でほぼ25 kgの体重増加が認

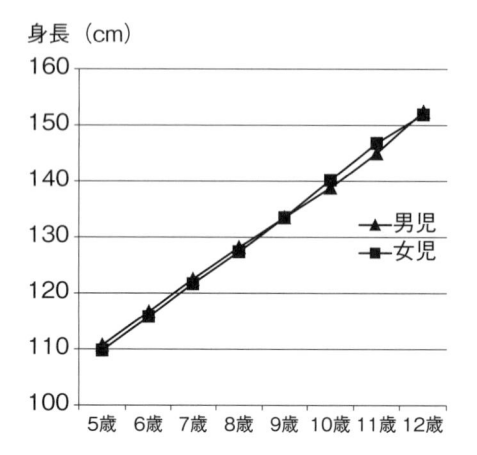

図5－1　1998年度出生児の年齢別身長平均値
（学校保健統計調査　2003～2010年度より作成）

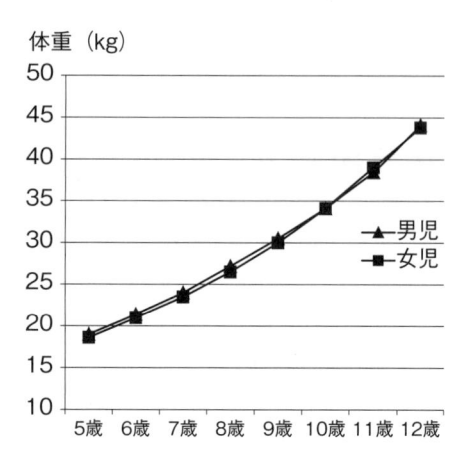

図5－2　1998年度出生児の年齢別体重平均値
（学校保健統計調査　2003～2010年度より作成）

められた（図5－2）。
　このように児童期の子どもたちの身体は，年にほぼ6cmずつの身長の伸びと，年2～4kgの体重増加により，大きくなっていく。そして児童期の後半の小学校5，6年生頃からは男児には精通，女児には初潮が見られるようになり，第二次性徴が始まる。性ホルモンの働きにより，児童期前半の幼児体型から，身長や体重の増加だけでなく，男児では声変わりや体毛の増加，女児では丸みを帯びた体形などの身体的変化が起こり始める思春期の入り口にさしかかる（図5－3）。こうした変化は個人差が大きいものの目に見える変化であるため，この時期の子どもたちは他人と自分を比べて悩むことも多い。そこでそれらの身体的変化に対する心構えを含めた助言も必要になる。

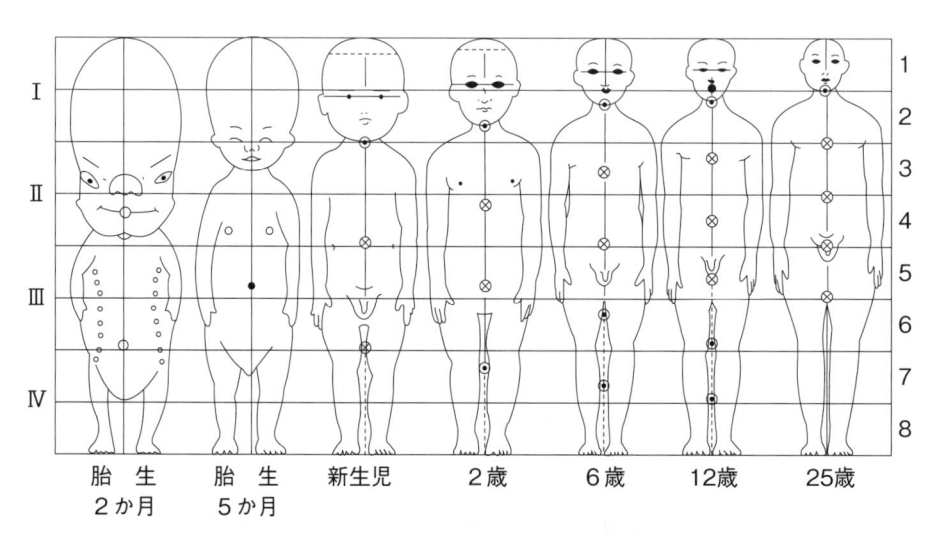

図5－3　身体各部の比率の発達
（Stratz, 1922）

（2）運動能力も向上する

　児童期に入ってからは年齢とともにすべての運動がいっそう巧みに，なめらかで確実なものとなる（図5-4）。2010年度の体力・運動能力に関する調査[6]によると，新体力テストによる体力水準は，握力・上体起こし・長座体前屈・反復横跳び・20mシャトルラン・立ち幅跳び・50m走・ソフトボール投げのどの項目においても，男女とも加齢とともに急激で著しい向上傾向を示している。男女差は児童期には全般的に男子のほうが優れており，11～12歳に一部の運動能力で女子が優れているものがあるが，13歳を過ぎると男子の発達が進み，青年期の中頃にははっきりした差となる。

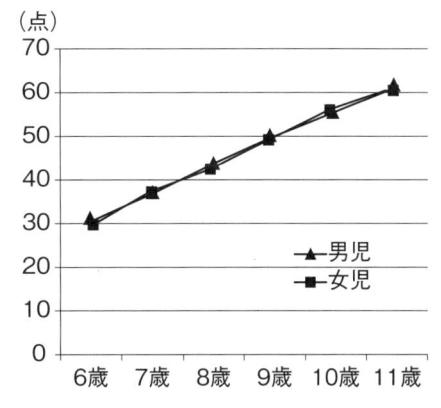

図5-4　加齢に伴う新体力テスト合計点の変化

　子どもたちはこのような体力水準の向上に伴って運動技能を身に付け，活動的な運動を盛んに行う。6～7歳になると走る，跳ぶ，投げるなどの力がさらに伸び，全身運動における協応性，柔軟性，平衡感覚なども増していく。そして，この頃にはほぼ大人と同じような動きができるようになり，基本的な運動能力が獲得される。小学校低学年までは，それまで獲得してきた全身運動機能をもとに遊びや活動をしているが，3，4年生くらいになるとボールなどの道具を巧みに使った巧緻性を必要とする運動機能が急速に伸びる。

　この時期の運動の発達は，身体の発達とともに着実に進み，精神の発達にも大きな影響を与えるものである。

3. 児童期の認知・思考の発達 ―ピアジェの考え方―

（1）感覚運動的思考から象徴的思考（就学前の子どもたち）

　乳児から青年期に達する子どもを研究したピアジェは，論理的思考に関する発達についての段階を提唱した[7]。彼はまず人間の認知の発達段階を大きく，0～2歳頃までの感覚運動的思考の段階とそれ以降の表象思考段階とに分けた（図5-5）。

　感覚運動的思考の段階にある乳児は，本当の思考に入る前の段階と考えられ，イメージ・記号・言語の機能が十分ではなく，感覚器と運動能力を使って，物を触ったり，しゃぶったりして外界を認知・理解しようとする。

　2歳頃になると，言葉や記号・イメージを獲得し，使いこなせるようになる。実物を離れ，概念を操作して考え，理解するようになる。また，自分の考えを相手に伝えるという行動が可能になる。これが表象的思考の段階である。この段階は，前操作期，具体

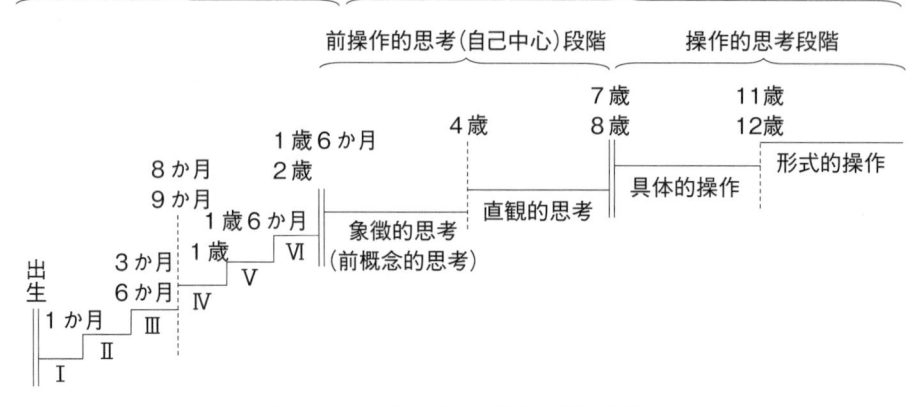

図5-5　ピアジェの思考の発達段階

的操作期，形式的操作期の3つに分けられ，前操作期はさらに象徴的思考と直観的思考とに分けられる。

前操作期は2歳から7,8歳までで，そのうち2～4歳頃までの思考を象徴的思考と呼ぶ。具体的な物を使わずに，その代わりとなる言葉や記号・イメージを使って心の中で物を思い浮かべたりすることができるようになり，自分の体験・経験などを再現して表現する延滞模倣や，葉っぱのお皿にのせた泥団子や草花をおままごとの中で食べる真似をするというようなごっこ遊びが成立する。

（2）直観的思考から具体的操作期，そして形式的操作期へ

ピアジェは4～7,8歳の時期の思考を直観的思考と呼んだ。この時期は言語機能が発達し，言葉やイメージを使って関連づけながら，徐々に世界を理解することはできるものの，まだ論理的思考はできず，頭の中で行われる一つひとつがバラバラで相互に関係づけられていないとした。見た感じ・聞こえた感じ・触った感じといった知覚した事物を中心に考え，それに支配されているため，小学校の低学年までは，対象のもつ目立ちやすい特徴「見かけ」などに惑わされやすい。この段階での，自己の主観的な視点からしか物が見られず，他者の視点・立場から物事を考えることが難しい様子を「中心化」という。

小学校の中学年以降は具体的操作期（7,8歳～10,11歳）となる。この時期になると数，量，長さ，重さ，体積などの保存が成立する割合が急増する。そして児童期の終わりには保存の概念が獲得される。すなわち10～11歳の子どもは，見かけに左右されずに，自分以外の立場から物を眺めたり，論理的に物事を考えていくことができるようになる（脱中心化）。そして物事について筋道を立てて論理的に考えることができるようになる。例えば，「AはBより重い」「BはCより重い」といった情報から「AはCより重い」と推論できるようになる。しかしながら，それはまだ具体的・日常的な事柄に限られるた

め，抽象的な判断には自分の知っていることにこだわる。「ネズミはイヌより重い」「イヌはゾウより重い」とすると「ネズミとゾウとではどちらが重いか」といった非現実的な前提に立っての推論や，言葉だけの抽象的な推論を行うことは難しい。あくまでも現実の具体物によって考えることが特徴である。

形式的操作期（11, 12歳〜）は，具体的な現実に縛られることなく，目の前にないものでも論理的に考えられるようになる時期である。観察を基礎に仮説を導き出したり，現実的な事柄にとどまらず仮説的な事象を想像したりするなど，大人と同じように仮説演繹的な推理や命題的思考（現実から離れた論理・抽象・仮説の世界で，「もし〜ならば，〜である」という操作を行うこと）ができるようになる。つまり，現実的具体的な世界だけでなく，可能性の世界を考えることができるということである。形式的操作が完成するのは14, 15歳頃であるため，児童期の後半では形式的操作期の入り口にさしかかるという状況である。

4. 児童期の心理社会的発達

　児童期は子どもにとっては，学級集団生活が始まる時期である。もちろん保育所にも幼稚園にもクラスはあるが，小学校のそれとは異なる。小学校では学級での授業のほかにも学級活動，クラブ活動，委員会活動，児童会活動，学校行事などがあり，社会性を発達させることが児童期の子どもにとって重要な意味をもつ。

（1）低学年の子どもたち

　小学校の1, 2年生の時期は，まだ幼児期の社会的行動特徴を残しており，社会性はまだ十分には発達していない。小学校に入学し，それまでの保育所・幼稚園とは違う，学級集団・学校集団の中で新たな人間関係を確立しなければならない時期である。特にこの頃は，親以外に教師の影響力が極めて大きい。一日のうちで学校生活という長い時間を過ごす中で，どのようなルールのもとで行動をするべきなのか，学級担任が規範を示しながら，ていねいに指導していく。教師と関わりたい，結びつこうという傾向が強

く，それによって学校生活に対する不安を解消して学校環境に適応し，教師や友だちとの関わりを構築していくことが，この時期の子どもたちの課題である。

まだ自己中心的な思考の段階であり，客観的な思考はうまくできないが，知的な発達は非常に盛んで，経験を手掛かりにして考えたり想像したりする。また，決まりを画一的に守ろうとしたり，教師の規制に依存したりする。これは遊びにも見られ，幼児期まではルールは遊び方として受け止められるが，低学年ではルールを絶対視し，決まりを守る子は良い子である，とする傾向が強くなる。

社会的行動は幼児期とそれほど違いはなく，子ども同士の結びつきは，まださほど強くはない。友人関係も男女入り混じって一緒に遊ぶなど，行動を共にするという存在である。また，時には友だちとの口論やけんかをし，それらを通して少しずつにではあるが自己抑制を学んだり，お互いを理解したりしていくことを学ぶ。

(2) 中学年の子どもたち

小学校3,4年生の時期は，次第に仲間の影響力が強くなってくる時期である。性格や好みなどの心理的側面が友だちを選ぶ条件となり，男児は男児同士，女児は女児同士で気の合う友だち4～5名とグループを作り，仲間意識をもって常に一緒に行動する。そのためこの時期は「ギャング・エイジ」と呼ばれる。その特徴は，仲間内だけで通じるルールを作って結びつきを強くし，役割や態度を明確にもとうとする。対外的には排他的であり，大人からの干渉を極力避けようとする。ギャング・エイジの子どもたちは，その独特の集団活動の中で，仲間意識をもちながら協力したり，特定の目的に向かって進むために，それぞれが責任をもって与えられた役割を遂行したり，他人の権利を認めたりして，自己主張や自己抑制をしながら，社会的スキルを身に付け発達させていく。それはさまざまな場面で，問題が生じても自分たちで判断したり，主張・行動しようとしたりするとともに，友だちと協力するためのスキルを身に付けていくことにもつながる。これらに対して周囲の大人たちは，子どもたちの正常な発達過程であると理解し，対応していくことが大切である。

しかし，こうしたギャング・エイジ集団は，日本ではアメリカほどには顕著には見られないと指摘されている。さらに近年では，塾やテレビゲーム，子どもたちを巻き込む犯罪の増加等に伴い，子どもたちが放課後に自由で自然発生的な遊びをする時間や機会が激減している。そのため，ますますこのようなギャング・エイジ集団が構成されにくくなり，密接な仲間関係体験をもてない子どもたちが増えることにつながっている。

この時期は身体的成長に伴い運動能力が高くなり，集団によるスポーツや遊びを好むようになる。また，この頃になると教師が規則によってそれぞれの子どもたちの行為を制限するだけでなく，クラスで一緒にその意味を理解しながら，集団の倫理的規範にしていく中で，子どもが教室で学習するうえでそれらを守って必要な行為を身に付けていくようになる[8]。

(3) 高学年の子どもたち

　小学校5，6年生の時期は，第二次性徴期の入り口にさしかかり，男児には変声，女児には初潮が見られるようになり，身体的にも心理的にも大きく変化する。それにより，中には精神的に不安定になる子どももいる。

　この時期の子どもたちは，抽象的・論理的思考が高まり，物事を多面的に考えることができるようになる。今までの経験から見通しを立てることができるようになり，そこから現在の行動を決めていくことにもつながる。そして他者の立場に立って物事を考えたり，その存在を認識したりすることができるようになり，それまでの自己中心的な行動から，自分の行動をコントロールすることができるようになる。また自己を意識するようになり，内面的にもある程度の深まりが見られる。その一方で周囲の大人，特に親や教師に対する依存的な態度は少なくなり，干渉されたり，子ども扱いされたりすることを嫌がり，批判的な態度をとろうとすることも増えてくる。しかしこのことは，子どもが自分自身で物事を考えて取り組もうとする自主性の発達によるものである。

　3，4年生で形成された仲間意識は，身近な数人との関係だけでなく，そこからクラスや学年，学校単位といった大きな集団へも拡大していき，集団と自分自身との関わりについても考えることができるようになる。クラブ活動では，自分の関心や個性を考えてその内容を選択し，同じ趣味をもつ友だちを作り，興味を追求することもできるようになる。それらを通して家庭，クラス，委員会活動，児童会活動等においても役割意識を高めていく。友人との関係は，親子関係をはじめとするほかの人間関係よりも次第に優先されるようになる。

　またこの時期は，身体的な変化においても学業成績や行動等の発達においても個人差が大きくなる。体格やテストの点数等に対して，目で見てわかる友だちとの違いを敏感に感じるが，そこからそれぞれの内面的な特徴，個性に対する理解もできるようになっていく。

5. 児童期の発達課題

　人間の発達は各時期が独立しているものではなく，胎児期から老年期まで連続しているものである。その中で，児童期にはどのような発達課題が設定されているのだろうか。ここでは，代表的な2つの理論を紹介する。

(1) エリクソンの児童期の発達課題

　エリクソンは，フロイトの理論から独自の発達理論を展開した。エリクソンは「人間は生まれてから死ぬまで，生涯に渡って発達する」という考えのもと，人間の発達を社会や人間関係からとらえたうえで，人間の一生（ライフサイクル）を8つの段階に分け，それぞれの段階で獲得すべき課題を設定した（図5-6）。各段階には肯定的側面と否定

		1	2	3	4	5	6	7	8
Ⅷ	円熟期								自我の統合 対 絶望
Ⅶ	成年期							生殖(世代)性 対 停滞	
Ⅵ	若い 成年期						親密さ 対 孤独(孤立)		
Ⅴ	思春期と 青年期					同一性 対 役割混乱			
Ⅳ	潜在期				勤勉性 対 劣等感				
Ⅲ	移動 性器期			自発性 対 罪悪感					
Ⅱ	筋肉 肛門期		自律 対 恥と疑惑						
Ⅰ	口唇 感覚期	基本的信頼 対 不信							

図5-6 エリクソンの発達課題

的側面（心理的危機）とが対となって設定されている[9]。これは肯定的な側面だけを経験すればよいというのではなく，心身が健康であるためには，否定的な側面を経験しながらも肯定的な側面が上回っている必要があるという意味で設定されている。

児童期の発達課題は，「勤勉性　対　劣等感」である。子どもは，学校教育の中で急速に知識や技能を習得していく。新たな経験を積むことによって知的好奇心を発揮し，それを満足させていく。勉強したり，宿題や課題をやり遂げたり，学級活動で係の仕事をしたり，クラブ活動をしたりといったさまざまな活動に集中し，没頭する中で，自分で自分の課題に挑戦し，それを成し遂げたとき，物事を完成させる力に喜びを見いだす。そうすると「もっと，やってみよう」と自ら努力を続けることができ，努力をすればできるようになるのだ，という有能感が得られる。これが勤勉性である。児童期の子どもたちは，学校で適応的であるためには，この勤勉性を身に付けなければならない。ただしこれは，成績評価などによるものだけではなく，「自分は人の役に立っている」「自分なりにできた」などと感じられるように，いかに一生懸命取り組んだか，励んだかというその過程や姿勢が重要になる。

一方，挑戦した課題を成し遂げられなかった，うまくいかなかったという経験は，「どうせ何をやってもうまくいかない」といった無力感・自信喪失を生み，自分で自分を「できない子だ」と自己評価させて，子どもに劣等感をいだかせる。これがこの時期の心理的危機である。意欲的に物事に取り組むことができずに，無気力になったり，周囲からの評価ばかりが気になったりする。

しかし，この劣等感を経験することは大切であり，失敗した自分を受け入れることで

この危機を乗り越え，他の人の気持ちを理解することもできるようになる。あくまでも，心身が健康であるためには，劣等感を経験しながらも有能感をもてる経験が上回り，勤勉性を身に付けていくことが必要である。

（2）ハヴィガーストの児童期の発達課題

ハヴィガーストは，人生を6つの段階に分け，それぞれの発達段階で達成すべき課題を掲げた。どの発達段階にも8前後の発達課題が設定されており，他人との情緒的なつながり，自己に対する健全な態度，良心と謙虚さの確立，男性・女性の性役割の受容，両親からの精神的・経済的な独立などの課題はいくつかの発達段階で取り上げられる重要な課題とされている。

ハヴィガーストが提唱した児童期の発達課題は，①普通の遊びに必要な身体的技能の学習（ボール投げや水泳，簡単な遊具の使い方などに必要な身体的技能を学習する），②成長する生活体としての自己に対する健全な態度を養うこと（身体の健康や清潔，安全について，気をつける習慣を養う），③友だちと仲良くすること（社会で友だちと仲良く付き合うことを学ぶ。友だちを作るだけでなく，敵対する人とも付き合うことを学ぶことで社会的人格を育てていく），④男子として，または女子としての社会的役割を学ぶこと（男の子である，女の子であるということを学ぶ），⑤読み・書き・計算の基礎的能力を発達させること（社会に生活していくために必要な読み・書き・計算の能力を学習する），⑥日常生活に必要な概念を発達させること（生活や職業，社会について考えていくのに十分な概念の蓄えを作る），⑦良心・道徳性・価値判断の尺度を発達させること（内面的な道徳の支配・道徳律に対する尊敬，合理的な価値判断力を発達させる），⑧人格の独立性を達成すること（現在および近い将来のことについて，両親や他の大人たちから独立して自分で計画を立てたり，行動したりすることのできる自立的な人間になる），⑨社会の諸機関や諸集団に対する社会的態度を発達させる（一般に認められる社会的な態度を発達させる）の9つである[10]。

このように児童期の子どもたちは，小学校や家庭で生活していく中で，生活に必要な基礎的な知識や技能を使いこなす能力を身に付けることが求められる。

これら発達課題は，例えば児童期の場合，乳児期から幼児後期の発達課題を獲得してからのほうが，児童期の発達課題を獲得しやすくなる。また，もしある段階で発達課題を獲得できなかったとしても，のちに獲得することは可能である。さらに時代的背景や文化的習慣，社会的通念などに大きく影響されるものである。

6. 児童期に問題になること

小学校は子どもたちにとって，それまで体験したことのない，大きくまた密度の濃い社会集団である。この小学校の6年間で，子どもたちは体力をつけ，生活していくうえ

で必要なさまざまな基本的な知識や技能を身に付け，さらに学校集団の内外において，親だけでなく教師や指導者などの大人との関わりやさまざまな仲間との交流を経験することで，規範意識や社会的スキルを身に付けることも期待される。

そのような中で，この児童期にさまざまな事情で小学校での生活にうまく適応できなかったり，問題を呈したりする子どもたちがいる。

ここでは，不登校といじめ，さらに発達障害，学習障害について触れる。

(1) 不登校

不登校とは，何らかの心理的，情緒的，身体的，あるいは社会的要因・背景により，児童・生徒が登校しない，あるいはしたくともできない状況にある（ただし，「病気」や「経済的な理由」によるものを除く）ことをいう。2009年の文部科学省の調査[11]（2010年度の調査は東日本大震災の影響により調査の実施が困難であった岩手県，宮城県，福島県は含んでいないため，2009年度の調査結果を載せる）では，年間30日以上欠席している不登校児が在籍している小学校は9,000～10,000校で，全体の43％（2010年度は44.3％）と報告されている。

30日以上の欠席とはいえ，その状況は一人ひとり異なる。1年間全く登校できない子どもから，運動会や遠足などの学校行事には参加できる子ども，保健室であれば登校できる子ども，週に3～4日は登校してほとんどの授業や学校行事には参加できている子どもまでさまざまである。

不登校児・生徒の数を見てみると，中学生が圧倒的に多く，それに比べれば小学校は少ない（図5-7）。学年別に見てみると，小学校1年生の不登校児は1,000名程度であるのに対し，学年が上がっていくに従って増加し，6年生では7,000名を超える。さらに中学生になるとその数は激増し，小学校6年生から中学校1年生では一気に3倍に増加し，中学校3年生は42,000名にものぼる（図5-8）。

小学生の不登校児が不登校になったきっかけとして考えられる状況としては，病気を除く本人に関わる問題が44％，親子関係をめぐる問題が19.3％，いじめを除く友人関係をめぐる問題が11.8％，家庭の生活環境の急激な変化が10.6％，家庭内不和が6.4％と報告されている。本人に関わる問題としては，本人の発達課題やパーソナリティ，情緒の混乱など，その背景にはさまざまなものが考えられる。

中学生の不登校生徒では，本人に関わる問題は小学生の不登校児とほぼ同率であるものの，家庭の問題よりも，友人関係や学業不振，学校のきまり等をめぐる問題など，学校に帰属する問題の割合が高くなる。小学生ではまだまだ家庭環境の影響を大きく受けるが，中学生になると自意識の高まりから，親からの精神的自立を模索し，友人との関わりに重点を置くようになる。つまりこれらは小学生と中学生とでは発達段階が異なり，それにより直面する発達課題も異なるためといえよう。

子どもの心情と不登校の意味を周囲が理解し，登校を焦らせず，家庭・学校・地域等による連携，資源を活用して支援していくことが大切である。

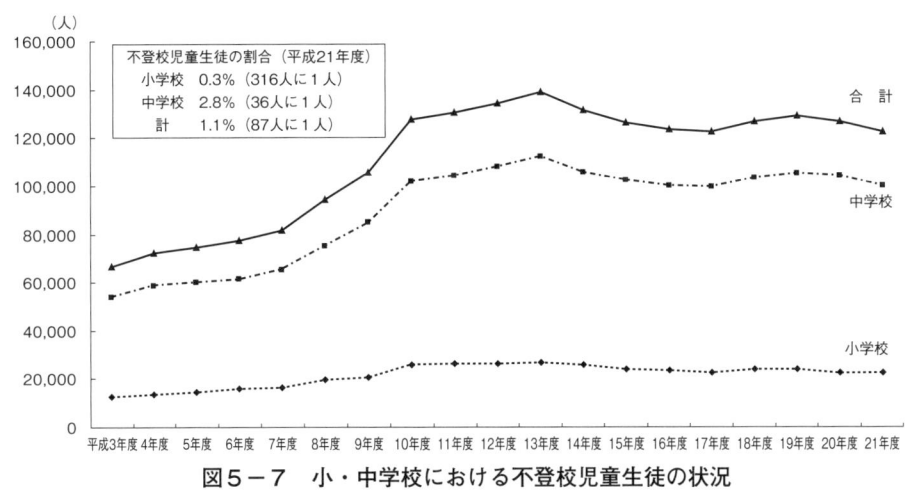

図5-7 小・中学校における不登校児童生徒の状況
(文部科学省 平成21年度児童生徒の問題行動等生徒指導上の諸問題に関する調査, 2010より)

不登校児童生徒の割合（平成21年度）
 小学校　0.3%（316人に1人）
 中学校　2.8%（36人に1人）
 計　　　1.1%（87人に1人）

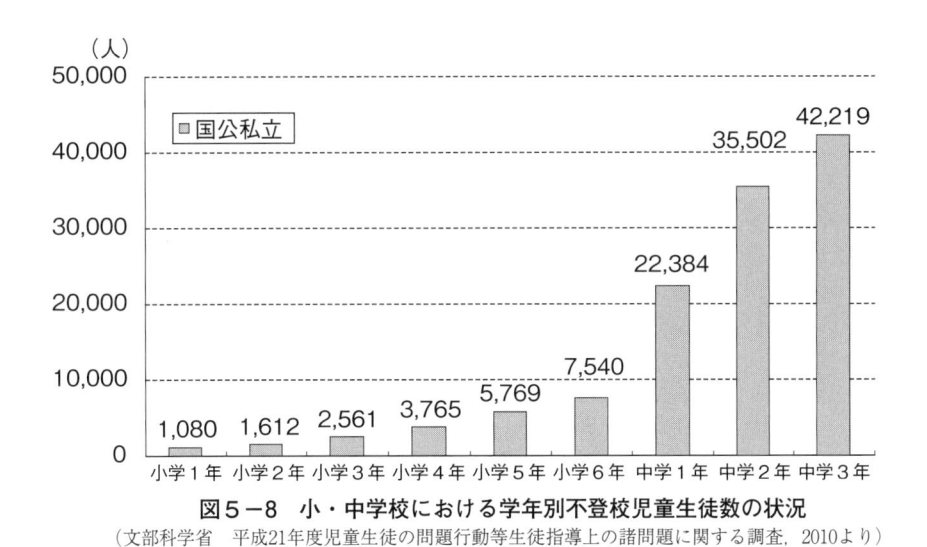

図5-8 小・中学校における学年別不登校児童生徒数の状況
(文部科学省 平成21年度児童生徒の問題行動等生徒指導上の諸問題に関する調査, 2010より)

小学1年 1,080／小学2年 1,612／小学3年 2,561／小学4年 3,765／小学5年 5,769／小学6年 7,540／中学1年 22,384／中学2年 35,502／中学3年 42,219

(2) いじめ

　文部科学省は，いじめを「当該児童生徒が，一定の人間関係のあるものから，心理的・物理的な攻撃を受けたことにより，精神的な苦痛を感じているもの。なお起こった場所は学校の内外を問わない」と定義している。これは，相手の行為を受け手がどう感じたか，その精神的苦痛に注目したもので，行為をしている側としては，いじめているという認識はなかった，周囲からはふざけ合っているように見えていたというものでも，受け手本人のつらさに焦点をあてたものである。そのため個々の行為が「いじめ」にあたるか否かの判断は，表面的・形式的に行うことなく，いじめられた児童生徒の立場に立って行うものとしている。

　2009年度の調査によると[12] 31.6％の小学校でいじめがあったことが認知されており，認知件数では35,000件余りであった。いじめの認知件数は低学年よりも高学年に多く，

男児のほうが多い結果であった（図5－9）。いじめの態様としては，冷やかしやからかい等が66.3％，仲間はずれが24％，ぶつかられる・叩かれるが23.4％であった。いじめの発見のきっかけは，アンケートなどの学校の取り組みによるものが30.4％，学級担任が20.9％，本人からの訴えが18.9％，本人の保護者からの訴えが18.8％であった。いじめられていた児童の約7割は，学級担任に相談している。現在の状況としては8割以上が解消しており，その他も継続的な支援等の取り組みが行われている。いじめを早期に発見し適切に対応することによって，長期化・深刻化・複雑化させないことが大切である。それには，子どもたちがいつでも相談できるような雰囲気作りと体制作りが重要であり，学校だけでなく家庭，地域，専門家と連携して取り組んでいかなければならない。また最近では，インターネット上のいじめが低年齢化しつつあり，小学生の間でも発生しており，対応が求められている。

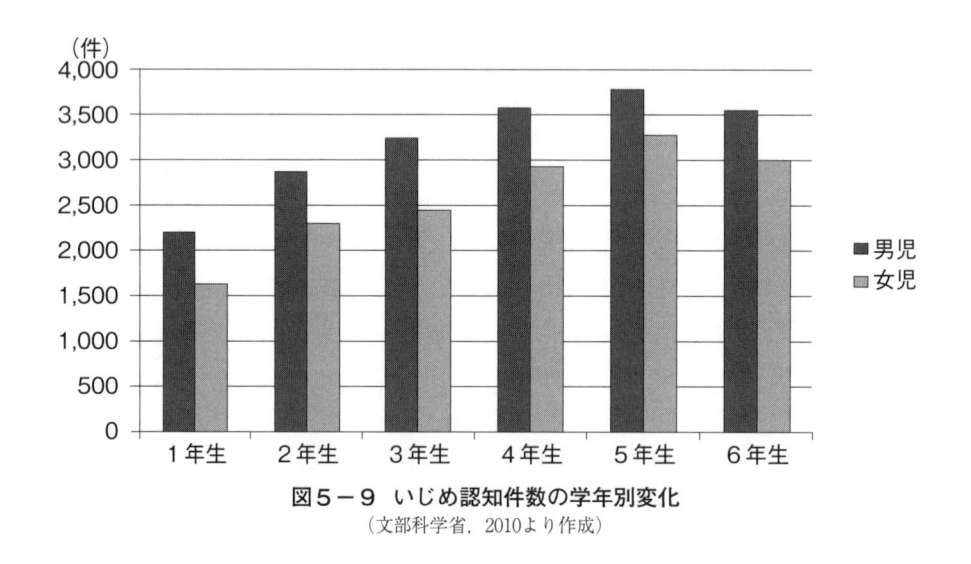

図5－9　いじめ認知件数の学年別変化
（文部科学省，2010より作成）

（3）広汎性発達障害

　広汎性発達障害とは，自閉症とそれに類似した特徴をもつ発達障害の総称である。脳の器質的な問題によるものであり，以前に言われていたような親の育て方に問題があるというものではない。

　特徴としては，主として①対人関係の障害（視線が合わない，友人関係がうまく作れない，適切な情緒反応が少ない，興味のあるものを他人と共有できないなど），②言葉やコミュニケーションの障害（言葉が遅れている，反響言語・オウム返しの応答になる，特異的なイントネーションやリズム，会話が成立しないなど），③特異的なこだわり（掌をひらひらさせたりジャンプを繰り返したりするなどの常同行動，儀式的な行為，特定の物に対するこだわり，興味・関心の幅が著しく狭いなど）が挙げられる。

　これら3つの障害の程度によって，①②③のいずれも典型的にあてはまるものを自閉性障害（自閉症），①と③のみをアスペルガー障害という。

広汎性発達障害には，長期的な視点に立った支援が求められる。得意・不得意のアンバランスが顕著なので，一人ひとりの能力を正しく判定し，その子どもに合った個別の支援プログラムを立てる必要がある。具体的な手順を示したり，スケジュールを絵や文字にして視覚的に提示したりするなどの対応も有効である。

（4）学習障害

　学習障害は，「基本的には，全般的な知的発達に遅れはないが，聞く，話す，読む，書く，計算する，推論するなどの特定の能力の習得と使用に著しい困難を示す，様々な障害を指すものである。学習障害は，その背景として，中枢神経系に何らかの機能障害があると推定されるが，その障害に起因する学習上の特異な困難は，主として学齢期に顕在化するが，学齢期を過ぎるまで明らかにならないこともある。学習障害は，視覚障害，聴覚障害，知的障害，情緒障害などの状態や，家庭，学校，地域社会などの環境的な要因が直接の原因となるものではないが，そうした状態や要因とともに生じる可能性はある。また，行動の自己調整，対人関係などにおける問題が学習障害に伴う形で現れることもある」（文部省，1999）と定義されている[13]。

　このような特徴は，幼児期よりは学習に主眼がおかれる学校教育が始まる児童期に表面化してくることが多い。得意な分野，苦手な分野は一人ひとり異なる。例えば計算が困難な子どもには，数字だけでなく絵やグラフ等を使ってわかりやすくしたり，数の概念を正しく教えたり，時には計算機を使うなどの方法を提案することもある。

　いずれも家庭と連携をとりながら，長期的な視点をもって支援していくことが必要である。

第5章　学びのポイント
　幼児期の保育の質を高めるためには，児童期の身体的発達，認知・思考の発達，心理社会的発達，発達課題，問題行動についての正確な知識を身に付けることが，非常に大切である。

【引用文献】
1）文部科学省・厚生労働省：保育所や幼稚園等と小学校における連携事例集（2009）
　http://www.mhlw.go.jp/houdou/2009/03/dl/h0319-1a.pdf
2）東京都教育委員会：平成22年度　小1問題・中1ギャップの予防・解決のための「教員加配に関わる効果検証」に関する調査報告書　教育庁報575（2011）
　http://www.kyoiku.metro.tokyo.jp/buka/soumu/choho/575/data/p06_02.pdf
3）厚生労働省：保育所保育指針—平成20年3月告示（2008）
　http://www.mhlw.go.jp/bunya/kodomo/hoiku04/pdf/hoiku04a.pdf
4）文部科学省：幼稚園教育要領—平成20年3月告示（2008）
　http://www.mext.go.jp/a_menu/shotou/new-cs/youryou/you/you.pdf

5）文部科学省：小学校学習指導要領—平成20年3月告示（2008）
http://www.mext.go.jp/component/a_menu/education/micro_detail/_icsFiles/afieldfile/2010/11/29/syo.pdf
6）文部科学省：平成22年度体力・運動能力調査結果の概要　体力・運動能力の加齢に伴う変化の傾向（2011）
http://www.mext.go.jp/component/b_menu/other/_icsFiles/afieldfile/2011/10/11/1311810_1.pdf
7）Piaget, J.：La psychologie de Iintellgence. paris：Librairie Armand Colin.（1952）（波多野完治・滝沢武久訳：『知能の心理学』，みすず書房（1967））
8）岸野麻衣・無藤隆：学級規範の導入と定着に向けた教師の働きかけ—小学校3年生の教室における学級目標の使用過程の分析—，教育心理学研究，p. 57, pp. 407～418（2009）
9）Erikson, E. H.：Childhood and society, 2nd ed. W. W. Norton. & Company, Inc.（1963）（仁科弥生訳：『幼児期と社会』，みすず書房（1977））
10）Havighurst R. J.：Human Developmental and Education, Longmans, Green & Co., INC. New York（1953）（ハヴィガースト，R. J. 荘司雅子監訳：『人間の発達課題と教育』，玉川大学出版部（1995））
11）文部科学省：平成21年度「児童生徒の問題行動等生徒指導上の諸問題に関する調査」について（小・中不登校8月速報値）（2010）
http://www.mext.go.jp/b_menu/houdou/22/08/_icsFiles/afieldfile/2010/08/05/1296216_01.pdf
12）文部科学省：平成21年度「児童生徒の問題行動等生徒指導上の諸問題に関する調査」について（2010）
http://www.mext.go.jp/b_menu/houdou/22/09_icsFiles/afieldfile/2010/09/14/1297352_01.pdf
13）文部省：学習障害児に対する指導について（報告）（1999）
http://www.mext.go.jp/a_menu/shotou/tokubetu/material/002.htm
・次頁コラム引用文献
1）帆足英一：『新　おねしょなんかこわくない—子どもから大人まで最新の治療法』，小学館（2003）
2）河野千佳・島崎晴代：「夜尿症児と母親の心理学的研究—性格傾向と夜尿に対する感情についての検討—」夜尿症研究5，pp. 19～24（2000）

【参考文献】
・伊藤亜矢子編著：『エピソードでつかむ　児童心理学』（シリーズ生涯発達心理学③），ミネルヴァ書房（2011）
・小島秀夫：『児童心理学への招待—児童期の生活と発達—』（新心理学ライブラリ），サイエンス社（1991）
・潮田武彦：『発達心理学ガイドブック』，建帛社（1990）
・中澤潤監修，中道圭人・榎本順子編：『幼児・児童の発達心理学』，ナカニシヤ出版（2011）
・Newman, B. M, Newman, P. R.：Development through life. W. W. Norton & Company, Inc.（バーバラM.ニューマン・フィリップR.ニューマン著・福富護訳：『新版　生涯発達心理学　エリクソンによる人間の一生とその可能性』，川島書店（1988））
・本郷一夫編著：『保育の心理学Ⅰ・Ⅱ』（シードブック），建帛社（2011）
・三宅和夫・宮本実：『児童心理学　第三版』，川島書店（1994）

コラム

ボク，おねしょしちゃうの…〈夜尿症〉

　ヒロくんは小学校３年生。「学校では，体育と算数と20分休みが大好き。あ，昼休みもね。休み時間はクラスのやっちゃんとこうちゃんとリクくん，それにときどき隣のクラスの男の子たちも入って一緒に校庭でサッカーして遊んでる。結構うまいんだよ，ボク。放課後？　週に１回水曜日が塾。あとはもちろんサッカー。クラブに入っているんだ。幼稚園の時からだよ。この間の試合，４年生チームとやったんだけど，１点，ボクのシュート決まったんだよ。日本代表ってすごいよね。お父さんが『今度日本代表の試合見に行こう』って。もぉ，やったぁ，ってテンションあがりまくり。たださぁ，お母さんが『それにはおねしょが治ったらね』って…。だってさぁ，そんなこと言ったって，僕が知らないうちに出ちゃってるんだよ，そんなの無理だよぉ…。４年生になったらさ，サッカーの合宿があるんだよ，選抜チーム作るんだって，無理だよぉ，合宿なんて，絶対行けないよぉ，ぼくだけだよ，おねしょしてるなんて」

　実は小学生の中で，おねしょ（夜尿症）で悩んでいる子どもは，結構な数いる。２歳では約半数の子どもに見られたおねしょが，６歳になると約10％に減る。８歳で約８％，10歳で約５％，16歳で約２％前後の子どもがおねしょをしているといわれている[1]。つまり小学校３年生で１クラスに３〜４名，５年生でも１クラスに１〜２名はいるとされる頻度の高い病である。夜尿とは尿をためる膀胱の大きさと，夜間就寝中に作られる尿の量とのバランスがうまく取れずに，寝ている間に無意識のうちに尿が出てパジャマや布団を濡らしてしまう状態をいう。幼児期は，まだこのバランスが整っていないので，発達途上にある生理的な現象であり，心配はない。しかし５〜６歳を過ぎて，頻繁におねしょがある場合には，「夜尿症」の治療や生活指導が必要になる。

　小学校では，お友だちの家にお泊まりをしたり，林間学校や修学旅行へ参加したりするなど宿泊する機会も増えるが，夜尿症の子どもたちは自分だけが小学生になってもおねしょをしていると思い込んでいるので，そのような行事には絶対に参加できないと考えてしまっている。叱られるのではないかと不安を抱いたり，小学生でおねしょをする自分は恥ずかしい子だと感じている。

　一方，母親にとっては洗濯や布団干し等の後始末の負担もとても大きく，子どもに対して拒否的になったり，治らないのではないかと悲観的に，あるいは自分を困らせようとして子どもはわざと漏らしているのではと被害的に感じてしまうこともある[2]。

　夜尿症の治療については，小児科・泌尿器科の医師による薬物治療等が行われるが，教員はこのような不安を抱いている子どもたちと親を温かく見守り，学校行事への参加に不安のないよう，適切に対処することが大切である。

第6章
発達の理解⑤
─青年期・成人期・老年期

　本章では，これまでの子ども時代の発達に次いで，子どもから大人への成長の過程である「青年期」と，大人時代を「成人期」と「老年期」に分け紹介する。

　かつて発達は，子どもが大人になるまで（20歳くらいまで）の期間で，とらえられてきた。しかし，人間は生涯をかけて発達するものであり，大人になってからも変化し成長するのである。子どもたちと関わる保育者，保護者，社会で子どもを見守る人々も，自ら発達しながら子どもたちにさまざまな影響を与え，また与えられているのである。

　各時期ではまず，エリクソンの発達理論（第5章参照）をもとに，個々の人間がどのように人格を発達させているのかを述べ，青年期にはその特徴を表す職業意識という項目について他の知見を紹介しながら説明を加える。またそれら個人の発達の視点に加え，カーターとマクゴールドリックらの家族の発達についても紹介し，青年期，成人期，老年期の特徴の理解を進める。この家族の発達は，家族を1つの集団としてとらえ，個人としてだけでなく，相互に関わり合いながら集団そのものも課題と向かい合い発達していく。

1. 青 年 期

(1) 青年期の人格発達（「アイデンティティの確立」対「拡散」）

　エリクソンは，社会的存在としての人間が対人関係の中で自己を育て，自己の存在を可能にする社会的な場を重視している。一人の人間が誕生して，母親との出会いから始まり，父親や兄妹，隣近所の人，地域で親と買い物に行く商店の人々，そして保育所や幼稚園で出会う保育者や友だち，さらに小学校，中学校…と，社会での関わりはどんどん広がっていく。そこで葛藤場面の「危機」を体験し，乗り越えながら人間は発達していく。

　青年期では，アイデンティティつまり「自分とは何者か」「自分は何になりたいのか」がテーマとなる。学童期では，学校の先生のような人を理想とし，親や周囲の憧れる人物を理想的な人物として自分に取り入れ，その人のように振る舞い考えをめぐらしてきた。しかし，それらの理想的な人物にも，自分の気に入らないところを見つけ，そ

の人たちと違う自分の存在に気づいていく。このように理想に思う気持ちと失望する経験とが交錯するプロセスを通して、「本当の」「正真正銘の」自分とは何者か、自分は何をやりたくて何に向いているのかが次第に問題となってくる。

　このプロセスは、特定の他者からの影響を離れ、自分が自分の主人公になっていくことである。つまりその他者の考えや行動を受け入れ、その人のように振る舞っていたのに対して、自分で自分を作っていこうとする心の働きである。これを通して他人のせいにしたり言い訳をすることが許されない自分への責任を取る孤独感を味わい、「自分である感覚」「社会の中で役立つ自分」「価値観や信念」を得ていく。

　そのプロセスの中で孤独の状況に耐えられない人は、決定を他人にまかせたり、人の言いなりになって責任を自分で取らなかったり、決定を先延ばしにして逃げてしまう。そうなることによって自分がますますわからなくなり、アイデンティティの確立とは逆のアイデンティティの拡散とエリクソンが呼んでいる状態となる。

　このアイデンティティの確立とアイデンティティの拡散は、シーソーまたはてんびんの両側に位置づけられるイメージでとらえられ、どちらに傾いているかは人により、また時期によって、その様子はまちまちである。自分が何者であるかわからず混沌とした気持ちを抱いたからこそ、悩んだ末に自分のなりたいものを見つけたときに、アイデンティティの確立が実感されるものとなる。

（2）職業意識

　青年期、特に青年期後期で直面する課題としては、進路選択や職業意識であろう。岩田は、保育者養成の短期大学の学生を対象に、進路選択行動について調べた[1]。その学生たちは、保育現場の認識を深める実習体験等広義の就職活動を通して自己や職業を問い、これらのすり合わせをしながら職業選択を行っていた。また職業をめぐる親との関わり方に、自己のあり様が反映し、かつその関わりを通して自己の変容も起こっていた。そして、就職試験等狭義の就職活動への取り組みについては、進路選択についての自己効力、職業適性の不安、日常での個人的な問題、自己の感覚などによって影響を受けていることが明らかとなった。

　また高村は、幼稚園での教育実習が職業意識やアイデンティティに及ぼす影響を調査した。職業意識の変化が起こった4つのカテゴリーは、次頁のとおりである。

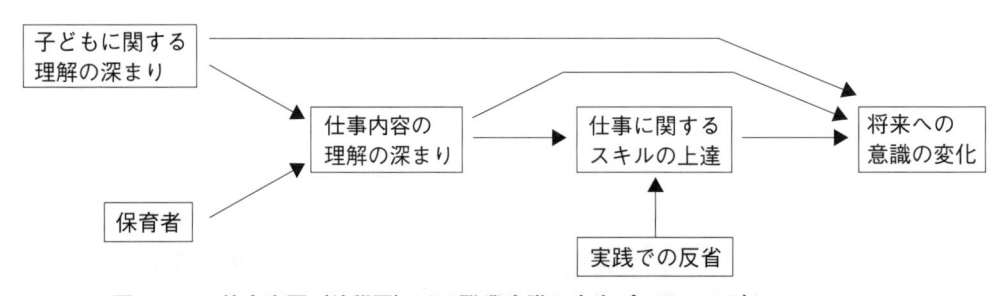

図6－1　教育実習（幼稚園）での職業意識の変容プロセスモデル（高村, 2001）

> 1. 仕事に関するスキルの上達
>   幼稚園での授業の進め方が上達した，もしくは保育者としての子どもとの関わり方を身に付けたなど
> 2. 子どもに関する理解の深まり
>   子どもと実際に関わることで，現実の子どもの理解が深まったり，子どもへの関心が深まったなど
> 3. 仕事内容の理解の深まり
>   実際に保育に携わってみて，「保育者とは何か」「保育者として何をするべきか」ということの実感を報告するもの
> 4. 将来への意識の変化
>   保育者として今後やっていけるのかを疑問に思ったり，保育者としてやっていくことへの自信をもったという，将来に関する内容を報告するもの
>
> (高村和代，2001より引用)

またこれら4つのカテゴリーは，それぞれ別々に働くものではなく，お互いが強く関連し合っていることを図6-1のプロセスモデルとして表し，教育実習（幼稚園）における職業意識がどのようにもたらされるかを示している[2]。

2. 成 人 期

(1) 成人期の人格発達
エリクソンはこの成人期にあたるものを，成人前期と成人期の2つの時期に分けて説明している。

1) 成人前期（「親密さ」対「孤立」）
アイデンティティが確立されることで青年期の終わりがくると，そこから「一人前の人間」としての人生が始まる。仕事に就き，異性と交際し，やがては結婚して自分の家庭，自分の生き方をもつことを意味する。青年期での異性との関わりでは，自己のアイデンティティの追求のためのものであり，ここで適切なアイデンティティの感覚が確立してはじめて，異性との心の親密さが築ける。

「親密さ」とは，自分の何かを失うのではないかという不安をもつことなしに，自分のアイデンティティと他者のアイデンティティを融合し合う能力のことであり，親密さの発達が結婚を可能にする。性的な親密さもその一部であり，相手の個性を尊重したうえでお互いに信頼し協力し合いながら，相互に欲求を満たし合うという相互性の獲得が，親密さの達成になる。一方自己のアイデンティティに確信をもてない青年は，人間

関係の親密さから尻込みしてしまい，成人前期になって自己を孤立させ，表面的で形式的な人間関係しか見いだせなくなる。

成人前期の発達課題は，就職，結婚，出産，親になることなどへの第一歩であり，それらの達成を通して，その後の比較的永続的なライフスタイルを確立することになる。

2）成人期（「世代（生殖）性」対「停滞」）

この段階では，親であることが重要な意味をもってくる。この時期に，人は自己の人格とエネルギーを次の世代の人々に伝え，育てることに興味や関心を抱く。子どもを世話して次の世代の担い手として育成することがテーマであるが，そればかりでなく後輩や若手を教育し指導監督すること，あるいは世代から世代へと受け継がれる文化遺産を創造することなども含まれる。

もしこれに失敗した場合，対人関係が乏しくなり停滞の感覚が強くなる。

（2）成人期の家族の発達

カーターとマクゴールドリックの家族発達の理論では，成人期にあたる期間に，①家からの巣立ち；独身の若い成人期，②結婚による両家族の結合；新婚夫婦，③幼い子どものいる家族，④青年期の子どもをもつ家族，⑤子どもの巣立ちとそれに続く時期，の5つの発達段階が位置づけられる。ひとくちに大人と言っても，これらの段階のように変化が見られる[3]。

1）家からの巣立ち；独身の若い成人期

カーターとマクゴールドリックは，家族の発達を一人の人間が自分の家族を作る前の一段階目として，結婚前の若い成人期を家からの巣立ちの時期と呼んでいる。

この発達段階では，自分が生まれ育った家族から自立することが課題となってくる。青年は家族に過剰に依存したり，逆に反発的に関係を切ったりせず，親子が互いにそれぞれの人間としての違いを認め尊重しあう，「大人」対「大人」の対等な関係を築くことが求められる段階である。

この時期に生じやすい問題としては，親離れ子離れの問題が挙げられる。親が子どもに干渉し続けると，子どもの自立を促進せず依存を助長させることにつながり，子どもの側も自ら心理的経済的に親に依存し続けることで，社会に出て自力で働き，身の回りの自分の世話（食事，洗濯，掃除など）をしていく力が身に付かない。このことは，これより先に訪れる自分たちの世代の家族を作り，家族の中で役割を担い，社会の中で収入を得て経済的にも安定するよう役割を果たすといった発達段階のための準備が不十分となる可能性がある。

2）結婚による両家族の結合；新婚夫婦

2人の若い成人が出会って結婚をしたときに，どのような発達課題が表れるのであろうか。その課題は，夫婦という新たな家族の基本単位の形成である。

夫婦はこれまでに築いてきた人間関係があるが，それぞれに関わる周りの人々（親族，友人，職場の同僚など）の再編成を試みる。例えば，夫にとって頻繁に会っていた飲み友

表6−1 家族ライフサイクル（カーターとマクゴールドリック）

家族ライフサイクルの段階	情緒的な移行の過程基本原則	発達的に前進するために必要な家族システムの第二次変化（発達課題）
1．家からの巣立ち；独身の若い成人	自己の情緒的経済的責任を受け入れること	a．源家族との関係における自己分化 b．親密な仲間関係の発達 c．職業における自己確立と経済的自立
2．結婚による両家族の結合：新婚夫婦の時期	新しいシステムへの傾倒	a．夫婦システムの形成 b．配偶者を包含するように，拡大家族および友人との関係を再編成すること
3．幼い子どもがいる家族	新しいメンバーをシステムの中に受け入れること	a．子どもを包含するように夫婦システムを調整すること b．子どもの養育，経済的な課題，家庭の日常的な課題に参与すること c．親としての役割および祖父母としての役割を含むように，拡大家族との関係を再編成すること
4．青年期の子どもをもつ家族	子どもの自立と祖父母の老化を包含するように，家族境界の柔軟性を増すこと	a．青年が家族システムを出入りできるように，親子の関係を変化させること b．中年期の夫婦関係および職業上の問題に再び焦点をあてること c．祖父母世代を世話する方向への変化の始まり
5．子どもの巣立ちとそれに続く時期	家族システムへの出入りの増大を受け入れること	a．二者関係としての夫婦システムの再交渉 b．成長した子どもと親との間で，成人対成人の関係を発達させること c．父母（祖父母）の老化や死に対応すること
6．老年期の家族	世代の役割の変化を受け入れること	a．生理的な老化に直面し，自分自身と（あるいは）夫婦の機能や関心を維持すること；新たな家族的社会的役割を探索すること b．中年世代がより中心的な役割をとれるように支持すること c．家族システムの中に年配者の知恵と経験を包含すること，過剰に機能することなく古い世代を支持すること d．配偶者，同胞，仲間の喪失に対処し，自分自身の死に対する準備を始めること，人生の振り返りと統合

（Carter & McGoldrick, 1988）

だちとの付き合いを続けていきたいとしても，その頻度が多少でも少なくなったり，妻も含めて一緒に過ごす機会を作ったり，また妻との時間を優先するといった変化が訪れる。

結婚前の恋人同士であった頃とは違い，共に生活をする仲間として，夫婦は新しい家族の基本単位となる。2人は日々生活を共にする中で幸福感を育てながら，家族を作っ

ていくのだ。それぞれ子ども時代から慣れ親しんできた生活の仕方があるので、時には意見の食い違いや感情的な軋轢(あつれき)が生じることもある。しかしこれを乗り越えて、「私たち2人の家族のやり方」を作りだしながら、新たな家族ができあがっていくのである。

　生じやすい問題は、夫婦の食い違いをどうするかというものであろう。時には夫婦げんかをしながら、お互いの妥協点を見つけ調整することによって、夫婦としての親密さは強くなり、これから直面するさまざまな危機を乗り越えるだけの基盤ができあがるのである。

　家族発達の理解を深めるために、ロールプレイを取り入れる。短い台本を各期に紹介しているが、妻や夫、娘の立場に立って台詞を読むことで、その人の気持ちやその場の特有な雰囲気が味わえる。また、読み手によって異なる特徴をもつ登場人物となるのも興味深い。さらに、読み手と聞いていた人々双方の感想をだすことによっても、理解が進む。そのような体験に基づいた学習が、ロールプレイである。

　　＊　ロールプレイ　新婚夫婦
　　　妻「ねえ♡」
　　　夫「なんだい♥」
　　　妻「今日のご飯　おいしかった？♡」
　　　夫「そりゃあ　おいしいさ♥」

　この段階の夫婦は、家族の発達の中で一番2人の距離感が近く、密接な関係である。この幸福感が、これから続く長い家族発達を支えるものとなる。

3）幼い子どものいる家族

　この時期の課題は、子どもの誕生を受け入れることである。夫婦だけの二者関係から三者関係に移る重要な段階である。というのも、前の段階では夫と妻の役割だけであったものが、それに父親・母親という親役割が加わり、生活が大きく変化する。

　夫と妻の役割のみの時期には、相手と自分の中だけで家庭生活が営まれていたが、父親・母親の親役割が加わると、家族はうって変わって忙しくなる。ここでの生じやすい問題は、子育ては大変な仕事であることの受け入れである。特に心理的な準備が不十分なまま子どもが誕生した場合、生活への適応が難しい。夫婦がどのように役割を分担しながら協力できるか、家族外からのサポートをどれだけ豊富に取り入れるかが重要な課題となる。

　　＊　ロールプレイ　幼い子どものいる家族
　　　朝のあわただしい時間帯に、子どもの世話をしながら妻が夫に話しかける場面
　　　　妻「ねえ」
　　　　夫「なんだよ」
　　　　妻「どうして手伝ってくれないのよ？　こんなに忙しいのに！」
　　　　夫「俺だって…　仕事に行く準備をしているんだぞ!!」

子どもがいる家族は，それまでとは大きく異なるといった変化を，受け入れなければならない。夫婦2人ともがそれまでのやり方を変え，工夫が必要になる。

4）青年期の子どもをもつ家族

子どもが成長して青年期に差しかかり，家族としても次の段階に発達しなければならない時期が訪れる。この段階の課題は，家族が不安定になりやすいことである。

子どもの生活範囲が広がり，親の価値観とは相容れないものを外から持ち込み，親子間で衝突が起こることが頻発する。一方親自身については，肉体的な衰えや自分の能力の限界を感じる中年期の危機を迎える頃でもある。

この時期，親子関係の大きな変化が問題となる。子どもの成長によって自分でできることが多くなる分，親の権限は小さくなり，子どもが幼かった頃の親子関係に戻そうとしても親子の衝突といった問題は解決できない。子どもが大人になりつつあるのを，親は受け入れなければならない。また成長した子どもは，自らできることが増えたとはいえ，自分の活動範囲が広がった分，知らないことや困難な出来事にも出会い，大人に相談をする必要性もでてくる。この段階の家族は，子どもが大人のように振る舞ったり，子どものようにまだできないことや，不安をかかえているといった子どもの両面をゆったりと広くかかえていく懐の深さが求められる。

> ＊　ロールプレイ　青年期の子どもをもつ家族
>
> 娘が母親に，お金の援助を頼む場面
> 　　娘「お母さん！　コンサートのチケット代　ちょうだい」
> 　　母「そんなの　もう～　おこづかいから払いなさいよ」
> 　　娘「だって　足りないんだもん」
> 　　母「こっちだってありません」
> 　　娘「せっかく取れたんだよ!!　このチケット」
> 　　母「そんなの 知りません」

このように自ら活動範囲を外に求める青年が，経済的に見合っているかを検討し，どのようなルールで行動していくか，家族の規範と自由度のバランスが重要になる時期ともいえる。

5）子どもの巣立ちとそれに続く時期

これまでは子育てが大きな要素となって家族が機能してきたが，子どもが進学や就職，結婚などで家から離れると，残された2人は夫婦として関係を見つめなおすことが課題となる。それまでの家族関係や自分自身を振り返り，配偶者と向き合うことで，親密な夫婦関係を築くチャンスになる。また，子どもがいる間は潜在的だった夫婦間の葛藤が顕在化する。

生じやすい問題は，自分の親の老化と死別である。自分たち夫婦だけでなく，双方の親族に関わる問題（世話・経済的負担）が浮上する。親との死別は時間をかけ，悲哀の作業をしていかなければならない。

> * ロールプレイ　子どもの巣立ちとそれに続く時期
> 　子どもが就職や結婚で家を出た後，しばらくしての夫婦の会話
> 　　妻「ねえ」
> 　　夫「……」
> 　　妻「何考えている？」
> 　　夫「……」
> 　　妻「あの子今頃どうしているのかしら？」
> 　　夫「きっと元気にやっているさ」

今まで当たり前のように家族にいた子どもが離れてしまったとき，子育てに一区切りがついた安堵感とともに，一抹の寂しさを感じる。離れていった子どもを意識すると同時に，残った家族と向かい合うことになる。

3. 老 年 期

(1) 老年期の人格発達

最後に訪れるのがこの老年期であり，個人としての人生がここで終結する。この段階では，子どもの世話をするという親としての役割がなくなることや，職業としては退職することによって，新しい役割や活動に向けてエネルギーの再方向づけをしなければならない。また，自分の生きてきた人生を受け入れることや，死に対する態度の発達が重要な課題となってくる。つまり，人生の最期の時に向け，いま一度自分らしさ（アイデンティティ）を問い直し，再体制化する必要がある。

この段階はまさに成熟の時期であり，これまでのすべてのものが統合に向けて収束していく。統合とは，自分自身の唯一の人生を受け入れていくこと，さらには自分の人生は自分の責任であるという事実を認めていくことである。それは自らのアイデンティティを作ってきたプロセスを，あるがままに受け入れることを示している。

一方，統合の欠如は絶望を示している。それは無意識的な死への恐怖感であったり，時間がないという感覚，嫌悪や人嫌い，特定の制度や人々への不快感として表れる。これらはすべて，自分自身に対する軽蔑にほかならない。「統合」対「絶望」の危機を乗り越えたときに，その人のアイデンティティは強さと確かさのあるまとまりをもつであろう。

(2) 老年期の家族

この最後の家族発達段階では，世代の役割の変化を受け入れることが課題となる。退職などによって社会の一線から退き，子育ての責任もなくなるので，生きがいを失う可能性が大きい。また自分自身の老化，配偶者や友人との死別など，多くの喪失体験に遭

遇するのである。生じやすい問題として，喪失体験に伴う悲しみや孤独感，うつ状態といった老年期特有の心理的問題に注意が払われるべきである。

> ＊　ロールプレイ　老年期
> 　穏やかな昼下がりの何気ない会話の場面
> 　　妻「ねえ　おじいさん」
> 　　夫「ん？」
> 　　妻「お茶でも飲みましょうか」
> 　　夫「食器棚に美味しい紅茶　あったんじゃないか？」
> 　　妻「いいですねぇ　今入れますね」
> 　　夫「うん　ありがとう」

　この場面は，仕事も子育ても次の世代に任せた老夫婦のやりとりである。社会の中で責任から解放され，自分自身の思い出や今まで社会の中で成し得たことを振り返る時期となる。

> 第6章　学びのポイント
> 　保育者にとって，青年期から老年期を理解することは意義深い。その理解は，目の前の子どもの将来を見通せる力になり，関わる大人も子ども時代から引き続き成長し課題を乗り越える人間であることの自覚へとつながる。

【引用文献】
1）岩田昌子：保育者養成短大における学生の進路選択行動についての教育心理学的考察，鈴鹿短期大学紀要，pp.25～37（2010）
2）高村和代：教育実習が職業意識およびアイデンティティに及ぼす影響に関する探索的研究，岐阜聖徳学園大学短期大学部紀要，p.33，pp.65～75（2001）
3）Carter, Betty and McGoldrick, Monica（eds）. The Changing Family Life Cycle : A Framework for Family Therapy. 2nd ed., New York : Gardner Press, p.15（1988）

【参考文献】
・エリクソン，E. H.，村瀬孝雄・近藤邦夫訳：『ライフサイクル，その完結』，みすず書房（1989）
・エリクソン，E. H.・エリクソン，J. M.・キヴニック，H. Q.，朝長正徳・朝長梨枝子訳：『老年期―生き生きしたかかわりあい―』，みすず書房（1990）

コラム

アイデンティティ

　アイデンティティという言葉は，新聞などでは「企業アイデンティティ」と謳われ，この会社ならではの特徴をとらえて経済的にも活発に活動することを目指したり，学校では「スクール・アイデンティティ」として，各々の学校の独自性を学生に伝え教育活動を行っているところも多い。それは今や，一般的な表現として使われている言葉だ。その基となっているのが，青年期の重要な課題として挙げられたエリクソンにより作られた言葉（造語）である identity なのだ。

　これらに共通していえることは，自分であったり，自分が学ぶまたは教える学校，自分が働く職場が，何を中核にして動いているのか，何ができる存在なのかという，自分に関わる大きな問いである。

　マーシアという研究者は，アイデンティティを具体的に測定するために，「危機」と「積極的関与」をキーワードとした。青年が自分にとって意義ある選択事項を積極的に試し，迷ったり悩みながらも選択して意思決定を行う時期を「危機」と呼び，この意思決定の後に起こる人生の重要な領域（職業，政治，人生哲学，宗教）に対して積極的に関わることを「積極的関与」といった。

　この「危機」が経験されているかいないかと，「積極的関与」をしているかどうかの組み合わせで，アイデンティティの達成，モラトリアム，早産，拡散（危機前，危機後）に分けられる。

　危機を経験したうえで職業等に自ら積極的に関与しているアイデンティティの達成にいる人は，人生の選択に真剣に取り組み，意思決定の時期を経験してこそ至った解決を得て行動している。モラトリアムにある人は，意思決定をしようと模索している最中であるが，一定のものに定め打ち込んで行動をしていないため，積極的関与はあいまいなままである。早期完了といわれる人は，自分の目標と親の目標が一致しているため，迷いや悩みとはほど遠いところにあり，すんなりと積極的関与に至る。しかし，この先に自分が信じてきた親の価値観から外れるところにくると，自分個人の意思決定を体験したことがないため混乱をきたす。拡散には危機の経験のあるなしの２つの形があるが，ともに関与を放棄し自分勝手な気ままな行動をとる。

　このように見てくると，青年が自分の生き方に悩み，決定に向かってもがくことは，アイデンティティの達成につながる意義ある経験といえるのである。

第7章 保育者の心と子ども理解

　2008年に幼稚園教育要領と保育所保育指針が改訂された。保育所保育指針には，職員の資質向上に関する基本的事項として「保育所全体の保育の質の向上を図るため職員一人一人が，保育実践や研修などを通じて保育の専門性を高めるとともに，保育実践や保育の内容に関する職員の共通理解を図り協働性を高める」と明記された。

　また，これより先に「幼稚園教員の資質向上に関する調査研究協力者会議報告書」(2002) では，幼稚園教諭に求められる資質として「総合的に幼児指導する力」「具体的に保育を構想する力」「教員集団の一員としての協働性」「特別な教育的配慮を要する幼児に対応する力」「小学校や保育所との連携を推進する力」「保護者及び地域社会との関係を構築する力」「人権に対する理解」を挙げている。時代が以前に増して保育者に多様な役割を求めているといえる。

1. 保育者の心理

(1) 保育者の資質

　一般にいわれることであるが，保育者の基本姿勢とそれに伴う資質は，「発達の観点から子どもを見るとともに子どもの主体性を大切にする。また，遊びを通して総合的な指導を行う」ことといえる。これが保育者の基本姿勢である。そして，「子どもに強い関心をもち，子ども自身の可能性を高めるために自らが情緒的に安定していること。また，人を教え世話をすることが好きである。これらが保育者に求められる資質である」。

　日名子はより具体的に「健康・責任感・ユーモア・常識・情緒の安定・知性・仕事への満足感・子どもの理解力」を保育者の資質として挙げている[1]。これらの資質が保育者に生来備わっているものか，経験によって得られるかは定かではないが，一つが欠けても子どもとの関係に悪影響を及ぼすであろう。

　高桑らは，短期大学生と現職幼稚園教諭を対象に「保育者に求められる資質」に関する調査をしているが，「健康，コミュニケーション能力，意欲，責任感，子ども理解，基礎技能，文章能力，創造性」など双方が重要と選んだものは，従来の保育者に求められる資質と同様の結果であった[2]。

なお，高桑らの研究では「礼儀・意欲」は，学生，教師とも高い比率で重要としている。また，「責任感」はより教員が，「子ども理解」は学生が重要と回答している。興味深いのは「コミュニケーション能力」である。教育経験年数が長くなるほど，その重要性を指摘している。昨今言われる保護者とのコミュニケーションの困難性から，教育経験の浅い教員がよりコミュニケーション能力を重視すると予想したが意外であった。

　また，保育者の資質に関しては田辺が，「保育者効力感」という視点から検討している。効力感とは，ある状況において結果をだせるという予測と確信である。効力感の高い者は，実践を活発に行い努力し，自分の能力を上手にいかすことができるが，効力感の低い者は，取り組み自体を避けるという。田辺は，保育者の効力感を「健康」から言及している[3]。

　子どもたちの健康が危ぶまれている現在，保育現場で心身ともに健康な子どもを育むことは重大な使命であり，保育者自身，健康な生活を送ることが健康な子どもを育むことになる。その点からいえば，学生や保育経験年数の浅い保育者が，不規則な生活を送っている実態が明らかになったことは問題である。

　田辺は，記録や話し合いを通して自己の保育実践を振り返り，今後に活かすことと合わせて，自己の健康に関する生活状況についても，改めて振り返り，健康的でない生活を送っているのであれば，正すことが望まれるとしている。それは，保育者自身の健康が子どもの健康につながる可能性が高いからだと述べている。

(2) 求められる保育者のタイプ

　表7-1は教師のタイプである。一般に求められる保育者のタイプは「母親型」か「祖父型」である。子どもは幼児から児童，生徒へと成長するに従い「母親型」から「父親型」さらには「兄型」の教師を望むようになるといわれる。見方を変えると「聖職型」から「専門職型」へと移行するともいえる。いずれにしても保育者には母親の愛情と役割が期待されていることに相違ない。

　日名子が保育者の資質として挙げた「ユーモアがあり，情緒の安定した教師」がまさに好まれるのであろう。一方で岸田は，子どもが好む教師の性格特性は必ずしも，子どもが教師の現実をとらえているとはいえない。また，子どもが好ましく思う特性を教師がもつと理想的な教育ができるかといえば，それも疑問であると述べている[1]。幼児にもあてはまると思われるが，昨今の友だち関係的な教師と子どものあり方への警告でもある。

　次に敬遠される保育者のタイプであるが，怒りっぽい，えこひいきする，頑固，独断的となっており，年齢による変動はあまりない。幼児には，優しく活動的で外でよく遊んでくれる保育者が好まれるのは当然である。園舎の中にいて外に出ない保育者は論外である。

　トンプソンは，温かく柔軟で子どものイニシアチブを重んじる教師に保育を受けた子どもは，建設的で集団活動によく参加するのに対して，厳しく決まりを押しつけ，励ま

表7—1　教師のタイプ

タイプ	特　徴
父親型	クラス全員に関心をもちながら感情に溺れることなく，公平で毅然とした態度で子どもに接する。
母親型	優しく愛情豊かに接するが，ともすると感情的になりやすく，子どもの自立心を損なう場合がある。
祖父型	知識のすべてを伝えようとする気持ちが強い反面，ひとりよがりになりがちで甘すぎるところがある。
兄　型	自分の経験なども交え，子どもとよく話し合って進める。教育の方法は，より具体的で実際的である。教師と子どもの間は親密である。
おじ型	不在がちであるが，おもしろい考えや知識を披露する。子どもには人気があるが，教師間の信頼度がやや欠ける。
いとこ型	知識豊富で潜在能力はあるが，関心がないと積極的に行動しない。普通は，子どもや授業以外のことに関心がある。

（瀧澤武久編：『教育心理学と子どもの指導』，八千代出版，p.10，1996）

すことの少ない教師に保育された子どもは，高い緊張と攻撃行動が見られたという。

（3）保育者とストレス

　現代社会は，ある種ストレス社会でもある。ストレスとは，セリエの言葉であるが，生体に外傷，精神的ショックなどの強い刺激が加わると，これに対処するために引き起こされる適応反応のことである。一般にストレスを起こす原因もストレスという。

　教師（保育者）は，一般に「専門職」「教育労働者」「聖職者」と3つの顔をもっているといわれる。これを全うするためには，ある種の緊張状態が不可欠である。最近の傾向として，保育所では教育が，幼稚園では保育が望まれ，仕事が多様化している。また，多くの母親が働くようになり，保育時間の延長と障害児保育や障害児教育が一般化されるなど困難さが増大している。したがって，保育現場では同時に多様な注意や行動がとれる保育者を求めているともいえる。その結果，バーンアウトする保育者も現れる。

　バーンアウトとは，職場環境や人間関係の難しさから疲労困憊に陥り，仕事も生きる気力までも喪失し，燃え尽きることをいう。幼稚園や保育所は，小学校などと比較するとバーンアウトする人は少ないといわれるが，楽観はできない。

　上村らが調査した「保育士のストレス研究」では，保育士は，同僚や保護者との人間関係，子どもへの否定的なイメージ，多忙感が精神的な健康や蓄積的な疲労感につながるとしている。また，保育士は「こうあるべき」だという重圧が，少なからずストレスにつながっていることも指摘している。一方では，その解決策として，同僚からサポートを受けることの重要性について，サポートを受けないよりも，受けることによるストレスは少ないという[4]。

　坂本らの「幼児教育担当者のバーンアウトに関する研究」では，ストレス状態にある

教師は半数以上おり，ストレスの背景として「無力体験」「指導技術への不安」が挙げられた。また，年齢による相違では，若手もベテランもストレスを受ける度合いに差は見られなかった。しかし，バーンアウト傾向は，ベテランよりも若手が高いという。経験の積み重ねが，ベテランにプラスに働いているためと考えられる[5]。

一方では，新たなストレスの要因として，発達障害児に対する対応の難しさを指摘している。坂本の調査では，109名のうちの84名（77%）が発達障害児を担当しており，そのうちの69名（82%）が悩んでいると回答している[5]。一層の支援体制が期待される。

2. 新任保育者の悩みと葛藤

（1）子ども理解と保育の悩み

1）子どもに関する悩み

子どもに関する悩みといっても，大人が子どもに，てこずり悩んでいるのか，子どものことが心配で悩んでいるのかでは意味が異なる。前者は大人自身の問題であり，後者は子ども自身の問題である。現実にはこれが混同されて「困った子ども」と一言で片づけられる。

子どもは元来「やりたいことをする」のが普通である。ところが「できもしないのに何でもやりたがって困る」と嘆く親や保育者がいる。子どもにさせると時間がかかる，煩わしいという。この場合は，子どものことが心配で悩んでいるのではなく，母親や保育者が，てこずり困っているだけである。

友だちと遊ばず「ひとり遊び」をする子どもに困り果て，嫌がる子どもを無理やり集団に入れようとする保育者も同様である。集団行動を重視するあまりに，すべての子どもに同一の行動をとらせることが期待され，また，それができる保育者が有能であると評価されてきた時代のなごりである。一方で，そうすることを望む親が多いことも事実である。

大切なことは，この子がなぜ「ひとり遊び」をしているかである。「今，熱中していることがあり，夢中でひとり遊びをしている」「心配なことがあり，友だちと遊ぶどころではない」「過保護に育てられて，大人や年長児に遊んでもらうことはできても自分から積極的に遊びの輪に入れない」などさまざまであろう。いずれの理由かを判断せずに，一様に集団行動させるのは間違いである。

2）子どもに関する悩みの解決法

自分の都合を棚にあげて困った子どもと決めつける大人は，力で解決するのが一般的である。何でもやりたがる子どもに対しては，子どもを制して大人が先にしてしまう。例えば，「ひとり遊び」をしている子どもを厳しく叱り，無理やり集団に入れる。このように，大人を困らせる行動に焦点を合わせて解決する方法を「対処療法的指導」という。

しかし，対処療法的指導には限界がある。嫌がる子どもに無理やりさせても，そのと

きは思い通りになるかもしれないが長続きはしない。体罰はなおさらである。なぜ体罰を受けたのか。子どもごころに「意味」を知ろうとする。そして，無意味な体罰は子どもの心に傷を残すばかりである。したがって，大人の自己中心的な悩み方と対処療法的指導では，子どもの「自発性，創造性」を伸ばすことは困難と思われる。

次に「子ども中心の悩み方と対処法」である。まず大人を困らせる原因がいずれにあるかを考えるべきである。大人にとって困る行動が，子どもにとっては当然である場合が多い。大人の都合と子どもの要求にズレがあるといえる。また，大人が子どもの問題に気づかずに見落としている場合もある。したがって，保育者は，普段から子どもをよく観察し，ハツラツとしているか，元気に遊んでいるかなど絶えず気を配らなければならない。

ある時，卒業生に相談を受けた。子どもが好きで保育者になることを夢みて勉学に勤しんだ学生である。念願かなって幼稚園に就職して半年，自信をなくしたという。理由を尋ねると，園や教師間に問題があるわけではない。子どもがなついてくれないと訴えるのである。真面目で何事にも一所懸命な性格である。本人によれば，園長や保護者からは信頼されているという。子どもの接し方を聞いてみたが，誠心誠意あたっている。なぜ子どもに敬遠されるのかがわからないと途方にくれている。

話を聞いていくうちに理由が見えてきた。一所懸命は良いが，ことあるごとに子どもを叱りつけていたらしい。叱ることと言い聞かせることを混同したために，子どもに敬遠されたのである。余裕のなさと焦りが，さらに拍車をかけたともいえる。子どもは正直である。ことあるごとに叱る先生を嫌うのは当然である。先生の都合と子どもの要求のズレから生じた典型といえる。実際に保育現場に入る実習生の中には，子どもに対して命令口調，まるでニワトリを追い立てるように接する学生が見受けられると聞いたことがある。余裕のなさと焦りが，いつの間にかそのような行動をとらせるのであろう。

（2）職場の人間関係

新任保育者は若年者が多く，そのぶん知識や経験が不足している。また，周囲は子ども以外すべて年長者であり，それも大半が女性である。同性であるから理解しやすいとは必ずしもいえず，女性の職場特有の難しさがある。何よりも，教師の置かれている環境は，典型的な「対人相互関係」の場であり，「教師と子ども・教師と父母・教師と教師・教師と管理者」と教育現場は，人が対象だけにストレスがたまりやすい。不適応を起こす可能性も高いといえる。

保育現場は全般的に若年者が多い。そのぶん園長の責任は重大である。こと問題が起きれば，子どもにも保護者にも職員に対しても全責任を負う立場にある。昨今の保育現場に求められるニーズの多様化は，一層のこと園長に負荷をかける。結果，新任保育者

の服装から勤務態度まで事細かな注意が飛ぶ。それは，新任保育者には我慢できないことでもある。

　先輩も同様である。一般に先輩保育者は，新任保育者が来ることを楽しみにしている。それだけに期待が外れると落胆する。それが態度にでる。後輩を育てる気持ちが強いぶん細かなことまで注意することになる。また，先輩保育者は細かなことまでよく知っている。自分が知っているだけに新任保育者もわかっていると思い込み，同様の価値判断と行動を求めやすい。

　また，最近の若者は，子どものときから学校の先生と友だち関係できていることが多い。親しさは良いのであるが，「親しき仲にも礼儀あり」が欠落している。この友だち意識が思わぬところで破綻する。例えば，学生の教育実習である。学生は当初は緊張しており，担当保育者に対して言葉遣いも態度も謙虚さが見られる。ところが何日かして慣れてくると，言動が友だち感覚になる。当然，厳しい叱責が飛ぶ。悪気がないだけにやっかいでもある。同様に，指導を受けている保育者や上司には挨拶しても，直接指導を受けない職員には挨拶さえしないとクレームがつく。昨今の，より身近な人との人間関係に気を遣い，関係ないと判断すると全く無関心になる風潮が，あるいはこのあたりにもでているのかもしれない。

　阿部は，「新任保育者の悩みに関する調査」[1]の中で，愛される保育者の条件として「何ごとにおいてもまず他人のことを考えられる人」「人が嫌がることを進んで引き受ける人」「よく気がつきすぐに行動に移せる人」「人の話をよく聞き，相手のことを理解しようとする人」「人の悪口を言わない人」「感情的にすぐ怒らない人」「不平不満を言わない人」を挙げている。これを実践することは難しいことであるが，努力をする人が，愛される保育者なのであろう。

3. 気になる子どもの実態

(1) 気になる子どもとは

　幼稚園や保育所の保育者が，「気になる子ども」に関心をもつのは当然である。しかし，気になる子どもの実態はとらえにくい。対象が年少児であり，発達障害が想定されるものから，被虐待や軽度の病弱児まで多岐にわたるからである。また，気になるとは，保育者自身の主観であり，あいまいな判断である。最近の傾向として，保育所や幼稚園において「落ち着きがない」「子ども同士のトラブルが増えた」「感情コントロールができない」など気になる子どもが増加しているといわれる。

　刀根によれば，親が強く抱く不安として，発達の遅れよりも「落ち着きのなさ」といった行動特徴が多く挙げられるとしている[6]。さらに言えば，保育者は親の子ども目線にも注意を払い，親が子どもの行動を「気にする」という事実を受け入れるべきだとする。子どもの発達よりも行動特徴に関心を向ける親に対して，個々の発達に即した支

援が保育者の役割であり，その辺りのズレをいかにとらえるかである。

久保山らは「気になる子ども」について，幼稚園教諭，保育所保育士を対象に意識調査をしている[7]。気になる子どもの状況では，回答が多かったのが，「発達の遅れやアンバランス」「視線が合わないなどのコミュニケーション能力」「落ち着きのなさや集中力欠如」「乱暴」「情緒不安定」の順であった。この他に年長児の意欲欠如を問題視している。なお，乱暴などの対人トラブルの原因としては，気になる子どもだけの問題ではなく，周囲の子どもたちにも問題があると指摘している。

そして，保育上の課題としては，「気になる子どもの行動」「集団での活動」「他児との関係」「コミュニケーション」「心理的安定」の順であった。次に気になる子どもへの対応では，「個別の関わり・声かけ（56％）」「けじめ・注意（10％）」「保育上の工夫（9％）」「友だち作り・関係調整（7％）」の順である。上記の課題と対応の関係を見ると，明らかに課題としてはとらえているが，あるべき対応がなされていないことがうかがわれる。

しかし，これは無理のないことで，単に日常業務が煩雑なだけではなく，保育者自身が，例えば「発達障害児」についての十分な知識を得ていないことも原因である。特別支援学校の教育コーディネーターが，公立幼稚園や保育所に派遣され，子どもおよび保育者を指導するなど支援体制ができつつあるが，それは一部分であり，小中学校に比べると幼児への対応はこれからである。さらなる指導体制が望まれる。この発達障害児に対する対応は，第8章で詳しく述べる。

（2）気になる大人とは

阿部・藤野は，新任保育者の悩みに関する調査を実施した。結果は，「子どもに関する悩み」「保育の仕方，技術に関する悩み」「先輩保育士や園長との人間関係」「保護者との関係」の順であった。保護者との関係での悩みは最も少なかった。しかし，最近ではしきりに保護者との人間関係の難しさ，悩みが取りざたされている。それは木山や須永の研究結果からも明らかである。10年の間に何が起きているかである。保護者の悩みについて，時間軸で比較してみたい。

木山らの調査研究では，保護者の幼稚園を選ぶ基準は確固たるものがない。多様な基準で選択しているという。強いて挙げるならば，「先生の人柄」「子ども自身が園を気に入る」「保育方針・内容」「保育サービス」であった[8]。

わが子の成長にとって，先生の存在は大きい。保護者が先生の人柄を重視するのは理解できる。次に多かった，子ども自身が園を気に入るは，従来はなかったであろう。確かに子どもが喜んで通わなくては意味がない。教育効果も薄れる。子どもの好みを優先するというのも最近の傾向であろう。

また，保育方針・内容や保育サービスは，教育活動の本質が問われているといってもよい。言い換えれば，園が保護者の期待に応える努力をしているか否かが鍵ということである。従来は園を選ぶ基準で上位を占めた「園の施設・設備」「園の規模」等が下位

にあることも興味深い。

保護者が期待する保育内容については回答がさまざまであったという。あえて言うならば、子どもの心身の発達を願う保護者が多く、子どもの知的発達については二の次だととらえている。

保育サービスについての期待では、子育て相談や教育講演会など専門家による学習機会が最も多かった。子育てについての悩みが、より深刻な証拠である。また、時間外保育のニーズが高いということは、仕事をもつ女性保護者にとって、健全な子育て環境の確保がいかに難しいかということでもある。

以上の結果から、保護者の目線は箱物（園舎や設備）から内容（保育者の質、保育や教育の質）重視に移行している。特に保育者の質が問われていることは重要である。また、従来の期待される保育者像が、果たして現在も通用するかということでもある。

須永の調査研究では、木山らの調査結果よりもさらに保護者の保育ニーズは多岐にわたっている。また、比例して保護者の不満も増大している。その一例が、昨今の保育者の質の低下を嘆くものである。木山らの調査結果でも同様に保育者の質が問われている[9]。

一方では、保護者自身の非常識も少なくない。保育者に無理難題を押しつけるその裏には、保護者の自己中心性が垣間見える。それは、保育者への期待というよりも、本来は保護者がすべきことを、単に保育者に依存（丸投げ）していることに他ならない。また、現場自体が、個々の対応に追われることから指導に一貫性をもたせるのに苦慮している。しかし、これをもって、保護者のわがままとはいえない。経済状況の悪化、子育てをはじめとする保育環境の悪化が、保護者を苦しめているからである。それもあってか厚生労働省の保育所保育指針の改訂では、「保護者に対する支援」が追加された。保護者への援助的対応の重要性が、改めて指摘されたのである。

（3）気になる子どもへの対応

子どもの言動から子ども理解を図る場合は、表面的に（〜している）と短絡的にとらえることは避けるべきである。例えば、保育者の思いと異なる行動の子どもを、その場で「〜をまたしている」と否定的にとらえた段階で、すでに「理解の硬直化」が始まっている。決めつけた段階で、正しい見方や判断ができないのである。ここでは、（なぜ〜したのだろう）と子どもの言動をとらえる。これを「質的理解」という。質的理解を深めるためには自身の見方や考えだけではなく、第三者の意見やアドバイスを受け入れるべきである。上村・七木田の保育士のストレス研究で、同僚からサポートを受けないよりも、受けることによるストレスが少ないという事実は参考になる。

また、別の子ども理解の方法として「省察」が挙げられる。省察とは、自分自身を省みて良し悪しを考える「気づきの過程」のことである。一般には「振り返り」といわれ

る。最近は保育者養成や保育カンファレンスにおいても省察が重視され，保育職の専門性を表す指標となりつつある[10]。名須川によれば，保育者の気づきは，①子どもに対する気づき，②保育者自身に対する気づき，③他の保育者との話し合いといった他者の存在，3つに区分して行うべきと述べている[11]。冒頭で述べたとおり，時代が以前に増して保育者に多様な役割を求めている現在，何よりも保育者は，自らの保育をあらゆる方面から振り返る「反省的実践」が求められる。

第7章　学びのポイント

　本章の冒頭で述べたが，「幼稚園教員の資質向上に関する調査研究協力者会議報告書」（2002）では，幼稚園教諭に求められる資質として7つの事項を挙げている。言われてみれば確かにそのとおりである。しかし，実行となると困難な面も多い。それは，以前に増して保育者に多様な役割を求めているからである。

【引用文献】

1）藤野信行・伊藤康児・小池庸生：『改訂　乳幼児の発達と教育心理学』，建帛社（2009）
2）高桑秀郷・浜田尚吾・太田裕子：「短大生が考える『保育者に求められる資質』に関する意識について検討」，羽陽学園短大紀要　第8巻（2010）
3）田邊尚吾：「心身共に健康な子どもを育むための保育者の資質について」，四天王寺大学紀要　第51号（2011）
4）上村眞生・七木田敦：「保育士が抱える保育上のストレスに関する研究」，広島大学大学院教育学研究科紀要　第三部　第55号（2006）
5）坂本裕：「幼児教育担当者のバーンアウトに関する調査研究」，岐阜大学教育学部　教師教育研究　7（2011）
6）刀根洋子：「保育園児を持つ親のQOL―発達不安との関係―」，小児保健研究　59, pp. 493～499（2000）
7）久保山茂樹・齊藤由美子・西牧謙吾：「気になる子ども，気になる保護者についての保育者の意識と対応に関する調査―幼稚園・保育所への機関支援で踏まえるべき視点の提言―」，国立特別支援教育総合研究所研究紀要　36, pp. 55～76（2009）
8）木山徹哉・森博文・片山順子ほか：「保護者の保育ニーズに関する研究」，九州女子大学紀要　第39巻1号（2002）
9）須永美紀：「保護者支援に求められる保護者と保育者の関係性」，立教女学院短期大学紀要　第42号（2010）
10）杉村伸一郎・朴信永・若林紀乃：「保育における省察の構造」，幼年教育研究年報　第31巻　pp. 5～14（2005）
11）片山忠次・名須川知子編著：『現代生活保育論』，法律文化社（2003）

【参考文献】

・七木田敦・水内豊和・増田貴人：「保育者の子ども理解に及ぼす要因の検討」，広島大学教育学部紀要　第三部　第49号, pp. 339～346（2000）

・松尾寛子:「新任保育士の保育技術向上に向けての取り組みについての一考察」,関西福祉大学　社会福祉学部紀要　No. 13（2010）
・渡辺桜:「保育者に求められる子ども理解」愛知教育大学　幼児教育研究　第9号（2000）
・嘉数朝子・財部盛久・石橋由美:「保育者の『ちょっと気になる子』の認識と保育に関する研究Ⅰ」琉球大学教育学部紀要（70），pp. 25～35（2007）

コラム

カウンセリングマインド

　最近本屋の店頭で「○○理解とカウンセリングマインド」「○○とカウンセリングマインド」などの書籍を見かける。あるいは，保育者を対象とした講座などでもカウンセリングマインドがしきりに話題になる。それでは，カウンセリングマインドとは何かである。

　有り体に言えば，カウンセリングの基本的な考え方を保育に生かすということである。保育現場では子どもの情緒の安定を図ることが最も重要視される。コミュニケーション能力が不十分な乳幼児に対しては，子どもの表情や言動から何を要求しているのか。何が課題であるか。どのような援助が適切かをつかまなければならない。まさに日々の行動観察が大切といえる。ところが，保育者に十分な観察力，洞察力が備わっていなければ，然るべき対応ができるかどうかということである。ここで，にわかにカウンセリングマインドが浮上してきたのである。

　これより前に，中央教育審議会からカウンセリングマインドを教師がもつことの必要性が指摘されている（1998）。また，一時は沈静化していたいじめや家庭内暴力，不登校，さらには児童虐待が深刻化する中で文部科学省は，スクールカウンセラーの重要性を改めて教育現場に問うとともに，教師自身が，カウンセリングの意義，理論や技法に関する基礎知識を身に付ける必要性を求めてきた（2007）。それが，教育職員免許法の一部改正という形で表れたのである。そして，幼免の必修科目に「幼児理解の理論及び方法」「教育相談の理論及び方法」の2教科が加えられたのである。

第8章 障害児の理解と支援

　育児や子育てに悩む親が以前より増えている。子どもを巻き込んだ悲惨な事件も頻発している。親から虐待される子どもの相当数が発達障害ではないか，あるいは発達障害が疑われるともいわれる。見かけは普通の子，しかし，親にとっては扱いにくく育てにくい子どもである。親はどうしてよいかがわからない。結果，必要以上につらくあたる。一歩誤ると虐待につながる。

　同様なことが，保育現場で起きていないかということである。一言で言えば「気になる子」である。例えば，落ち着きがなく，自分勝手，わがまましし放題のA君である。注意すれば暴れる。担任の先生にとっては扱いにくい子どもである。どうしてよいかがわからずに途方にくれているのである。担任の先生の嘆きはわかる。困っていることもわかる。しかし，本当に困っているのは子ども自身である。結果，困っている子どもに手を差し伸べない限りは，困った問題は解決しないということである。

1. 気になる子どもの現状

　一概に気になる子どもが「発達障害」と決めつけることは危険である。しかし，保育者の気づきと発達障害の関連が無関係かといえばそれは違う。郷間ら[1]や西村・小泉[2]，七木田ら[3]等の調査研究からも明らかである。むしろ保育者の気づきが，障害児の早期発見につながっているといえる。

　郷間によれば，1996年頃は，保育者の抱える困難として，知的障害，自閉症といった障害についての理解や対応法がわからない，障害児のことを，子どもたちや保護者に理解させられないなどが問題であった。しかし，最近では以前には問題にならなかった発達障害が問題視されるようになったと述べている[1]。筆者自身もそれは感じる。10年以上前には，知的障害の診断を受けた子どもへの対応が中心であった。最近では，診断のついていない「気になる子」の相談が増えている。

　「気になる子」といえば，共著者の一人として『ちょっと気になる子どもたち』を執筆したのが，二十数年前である[4]。気になる子どもの中で私が担当したのは障害児である。内容は，「①障害を受けた子どもの対応，②障害児をもった親の心理，③遊べない

子どもたち，④自己中心的でわがままな子どもたち」である。「発達障害」という言葉もあまり一般的ではなかった時代である。その時点で，気になる子どもを障害児の一部として取り上げている。ちなみに「発達障害」とは，もともと知的障害の研究・支援から生まれた言葉で，1963年にアメリカで定義づけられた。

　池田（2007）は，保育者を対象に「気になる子ども」の特徴について調査しているが，「①話を聞けない，②多動で落ち着きがない，③切れやすい，④集団活動が苦手，⑤感情が不安定」などを挙げている。まさしく発達障害児の特徴と類似している。さらに，気になる子どもは増えているかとの問に，70％以上の保育者は，以前よりも増えていると回答している[5]。

2. 発達障害の理解と支援

　発達障害という概念は，前述したように知的障害も含まれる。ただし，保育現場で問題になるのは，主に自閉症・アスペルガー症候群，注意欠陥・多動性障害（AD/HD），学習障害（LD）である。最も周囲の関心が高いといえる。その理由としては，これらの障害がわかりにくい，また，この子どもたちが，保育者を悩ますからでもある。これらの障害は単独で発症することは稀であり，多くが複合するため，さらに対応が困難になる。

　よく聞かれる言葉に「軽度発達障害」がある。私たちが日常的に軽度という場合は，単に「重い軽い」の軽いである。当然，発達障害はあるが，障害の軽い人，問題の少ない人と理解する。しかし，実際には軽度発達障害者は，決して障害が軽くはない。問題が少ないわけでもない。単に知的に問題が少ないというだけの意味である。軽度発達障害という表現はあいまいであり感心しない。

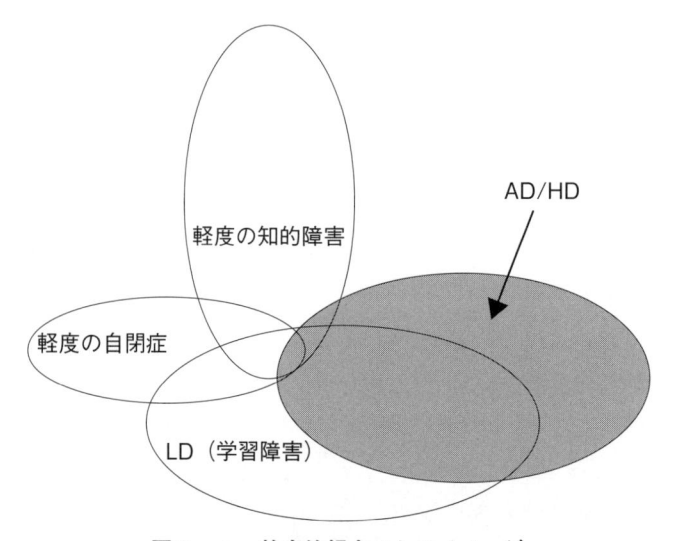

図8－1　教育的視点からのイメージ

（1）自閉症・アスペルガー症候群

　自閉症は，社会性，コミュニケーション，想像力の三領域に障害がある。主な特徴として，親しい人と目を合わさない，言葉の発達が遅い，特定の物に異常に興味を示すなどが挙げられる。3歳ぐらいまでに出現し，知的障害（IQ70以下）を伴う。

　高機能自閉症とは，これもまた誤解を招く表現である。高機能とは，機能が優れている自閉症という意味ではない。実際には知能指数（IQ）が70以上あるが，言語発達に遅れが見られる自閉症のことである。

　アスペルガー症候群は，自閉症の特徴を見せるが，知的障害も言語発達の遅れも見られないものをいう。まさに表面上は普通の子どもである。一般に高機能自閉症やアスペルガー症候群は，「広汎性発達障害」に分類される。

1）自閉症児の理解

　自閉症児には，感覚過敏が指摘される。ちょっとした物音や匂いに敏感で，イライラして落ち着かなくなり，しばしばトラブルを起こす。また，一度に2つのことを指示されるとどうしてよいかわからずにパニックに陥る。

　高機能自閉症の子どもは，例えば，自身に関心のあることはよく理解し話をするが，周囲の人の話が理解できないことが多い。全体に説明した後でやらせてみると全くできない。聞いていないのではない。指示されたことは理解しているが，どこからどのようにすればよいか，それがわからないのである。平易な言葉を使えば理解できるというわけではない。彼らは漠然と物事をとらえているのである。また，高機能自閉症の子どもは，相手の感情や意図が読み取れないことも多い。例えば，園で飼っていた小鳥が死んだとする。周りの子どもは，かわいそうだと泣き悲しむ。それを見て何で泣いているのと不思議がる。思春期に入るとユーモアや皮肉が理解できないこともあり，いじめの対象にもなりやすい。

　アスペルガー症候群は，高機能自閉症の一部である。知的な遅れはなく，言葉の発達も普通の子どもと同等か，むしろ優秀である。家族や身近な人とのコミュニケーションには問題がなく発見が遅れることも多い。一番の問題は「共感性」である。相手の気持ちがつかめない。相手が嫌がることでも平気で口にする。そのために友だちとの間にトラブルを起こしやすい。しかし，本人はあまり気にしない。

2）支援の方法

　自閉症の子どもは，偏食傾向が顕著に見られる。これは，単にわがままというのではなく，食材の匂いや味が気になり食べられないのである。過敏症が原因の場合は，無理に食べさせるのではなく，本人だけ食材を変更するだけで解決することもある。皆で共同作業する際に一人だけやらない。確かに自分勝手な行動であるが，本人は皆でするということを理解していないのである。理解できるような指示の出し方を工夫すべきである。

　相手のこと，気持ちをつかむことが苦手な子どもである。と

もすると相手を傷つけてしまう。それを注意されると自分が一方的に責められたと錯覚し，パニックに陥る。明らかに本人に非がある場合でも，頭ごなしに叱らないことである。

また，一般に高機能自閉症を「視覚的な生活者」という。目で見て理解はできても，目に見えない抽象的な出来事を理解することが困難という意味である。それを逆手にして，言葉で指示するのではなく，絵や写真で指示するようにすればよい。また，次に何が起きるかを絵や写真で事前に伝えるなど，子どもが安心して対応できる工夫も大切である。

（2）AD/HD（Attention-Deficit/Hyperactivity Disorder）

AD/HDとは，「注意欠陥・多動性障害」のことである。「不注意」「多動性」「衝動性」を特徴とする。保育現場で最も問題視される子どもたちである。AD/HDの出現頻度は，3〜5％と高く，通常1クラスに1名程度はいると思われる。

AD/HDには，大きく分けて2つのタイプがある。1つは，多動・衝動性が中心のタイプである。しかし，幼児であれば，多動は普通である。単に落ち着きがないでは判断できない。周囲の状況に適切に対応できるか否かが判断基準になる。また1つは，不注意タイプである。不注意に関しても単なる注意散漫ではなく，周囲の状況に適切に対応できるか否かが判断基準になる。

AD/HDは，「不注意」「多動性」「衝動性」を特徴とするだけに周囲から誤解を受けることも多い。親のしつけが悪いと言われることなどは典型である。しつけの良し悪しではなく，元来が脳の障害である。愛情不足もよく言われる。確かに手がかかるといって，親が何ら対応をせずに放置すれば問題行動は増大する。結果的に愛情不足ということになりかねない。

1）AD/HDの理解

多動・衝動性タイプは，ルールや順番を守れない。思い通りにならないと癇癪を起こすなどの行動が見られる。一般に気が散りやすく落ち着きがない。粗暴等まさに困った子どもである。保育現場で最も問題視されるのが，衝動性である。突然友だちを叩いたり，突き飛ばしたりする。物を投げる場合もある。危ないということで，いつもだれかがその子のそばに付き添うことになる。しかし，子どもは乱暴したくてしているのではない。どうしてよいかわからずに興奮しているだけなのである。また，興奮する子どもをいくら力で押さえても，さらに興奮させるだけである。衝動性は年齢とともに収束するといわれる。

2）支援の方法

AD/HDの子どもは，「不注意」「多動性」「衝動性」を特徴とするだけに，周囲の大人たちから叱責されることが多い。当然，自信が欠如し，不安感が増大する。一般に褒めて育てるということが言われる。叱るより褒める。まさしくそのとおりである。しかし，AD/HDの子どもが，自ら自発的に褒められるような行動がとれるかである。何を

どのようにしたら褒められるか。その手順を具体的に示さないとできないのである。

朝のお出かけにしてもそうである。「早くしなさい」「何グズグズしているの」では準備できない。面倒でも朝のお出かけの手順を具体的に壁に貼り出すのがよい。幼児であればデジカメで撮った写真などがよい。見ながら準備する。1つできたら褒めてあげる。基本的な生活習慣を身に付けるにも先ず「気づかせる」ことである。

衝動的な行動をコントロールさせるのは難しい。衝動性は周囲が予測できないからである。いきなり隣の子どもを叩く。叩かれた子どもも突然叩かれるのであり、予測できない。防御の仕様もないのである。

しかし、一見衝動的行動のように見えても、実はそれなりの行動パターンがある。いつどのような場面で友だちを叩くか、丹念に記録することで手がかりが見つかる。叩く子どもは、意味があって叩くわけではない。偶然に自身の眼の前を友だちが通ったことが、邪魔だから叩いたのかもしれないのである。何かをしているときに、眼の前を友だちが通らないようにすれば、その場面での叩く行動は、少なくともなくなるはずである。

(3) LD (Learning Disabilities)

LDとは、学習障害のことである（p. 69参照）。学習障害とは、知的発達に遅れはないが、聞く、話す、読む、書く、計算する能力のうち、特定のことが習得できない場合をいう。AD/HDと合併することが多く、その確率は50〜80％といわれる。学習障害は、その原因として中枢神経系に何らかの機能障害があると推定される。記憶や認知の機能に問題があるために、通常の方法では教育効果が見られないと思われる。

> 　随分前に経験したことである。突然私の研究室を尋ねてきた学生がいる。私の授業を聞いて自分が何者であるかが理解できたという。見てもらいたいものがあるという。次の日にやってきた学生は、小学校1年生から高校までの通知表を見せたのである。算数、数学はすべて1であった。それ以外の科目は、3以上であった。計算が全くできないという。小学校のときも何度か特別学級に入れられそうになった。そのたびに母親が、読み書きは普通にできるといって拒んだという。
> 　財布を見せてくれたが、中には小銭がたくさん入っていた。買い物のたびに札を出し、お釣りをそのまま財布に入れるのである。家に帰ると、母親が小銭を札に替える。友だちと一緒に買い物には行かない。校内の売店では買い物はしない。気がつくと指を折っている自分に腹が立つという。典型的なLDである。私はとっさに自身が役員をしている知的障害者施設で試みていることを思い出した。彼らも同じで、札を渡しお釣りの計算もせずに小銭をポケットにねじ込む。有り金全部同じ物を買ってしまう。彼らに電卓の操作を教えた。そうすると、お釣りを確認する人たちがでてきたのである。学生に電卓の使用を薦めた。しかし、だれかに見られたら嫌だ。誤解されたら嫌だと拒否した。辛抱強く、私も一緒に店に行き電卓を使った。だれも不信に思う人はいなかった。電卓を使うことで学生の長年の苦しみは少しばかり和らいだのである。

筆者が遭遇した学生は計算ができなかったが、学習障害の子どもは、さまざまな場面で私たちが考えられないような苦しみを味わっている。大切なことは、子どもの困って

いる内容を周囲が冷静に受け止めることである。そして，通常のやり方以外の学習方法を共に考えることである。

（4）もう少し考えてみよう

　自閉症をはじめとして，発達障害の子どもには，「きちんとしなさい」「しっかりしなさい」「頑張って」は禁句である。何をきちんとするのか，何をしっかりするのか，何を頑張るかがわからない。抽象的な言葉で伝えるのではなく，より具体的に伝えることが大切である。何よりも言葉で伝えるよりも，視覚に訴えることが肝要である。
　また，重要なのは褒めること，そして認めることに徹することである。ただし，褒めるといっても闇雲に褒めればよいわけではない。大人が感情的にならずに，良いことは良い，悪いことは悪いと一貫性をもった指導が重要である。そして，子どもの能力や長所を引き出し，正しく評価する。自信をつけさせることこそ，発達障害の子どもに対する最良の方法と考える。
　なお，AD/HDは，思春期になると非行や不登校，いじめ，引きこもりなどの二次的障害の発生率が高いとされ，原因は，適切な対応がなされなかった結果といわれている。幼児期から問題行動を起こすたびに困った子どもと叱責されるAD/HDである。しかし，本人には悪いことをしたという自覚は乏しい。親からも教師からも友だちからさえも認められずに自信を失う。さらに自己評価を下げる。子どものときはともかくとして，思春期に入ると反省するよりも反発心が強くなる。周囲から認められない自分に腹が立つ。結果的に非社会的，反社会的行動をとる。考えられなくはない。幼児期，児童期の大人たちの対応がいかに重要であるかがわかる。

3. その他の障害の理解と支援

（1）知的障害

　知的障害とは，記憶，推理，判断などの知的機能の発達に有意な遅れが見られ，社会生活などへの適応が難しい状態をいう。「精神遅滞」ともいわれる。知的障害の特徴は，知的発達の遅れのほか，運動面，社会面，言語面での遅れが見られる。

1）知的障害児の理解

　運動機能面では，動作がゆっくりで，全身運動や手指を細かく動かすことが苦手である。手足の動きがバラバラでうまく走れなかったり，跳んだり，投げたりなどの平衡感覚によるバランス運動も苦手である。指先で物をつかむ，箸で食べる，はさみで切るなどの動きも苦手で不器用である。言葉を確実に理解することが難しく，また，語彙も少ないことから，自分の気持ちや要求をうまく相手に伝えることが困難である。また，適応面では，状況判断が困難であり，急激な環境変化に対応できないことが多い。集団の中に入れない。席にじっと座っていられないのもそのためである。基本的生活習慣を身

に付けるためには,根気よく繰り返し指導することが最良の方法である。

2)支援の方法

その子どもにとって,困難に感じていること,難しさを感じていることは具体的にどのようなことであるのか,よく観察して絞り込んでいく必要がある。

例えば,お帰りの会の中で自分の席に座って静かに紙芝居を見ることができない子どもがいるとする。その場合,「座って紙芝居を見ることができない」ということを問題にするのではなく,どうして着席して紙芝居を見ることができないのかという観点からその子どもを見ていくと,「席に着くという指示を理解できない」のか,「紙芝居の内容が理解できない」のか,「自分の椅子ということがわかっていない」のか,「ほかに興味のあることがあるのではないか」といったさまざまな側面から,その子どもが座って紙芝居を見ることができない原因を考えることができる。

また,その子どもにとってできることは何かという視点から,その子どもに合った活動を用意することも必要である。その子どもが興味・関心を示しているものや,好きなこと,できることを拾い出し,活動の中に組み込み,できるところは見守り,困難な部分のみ援助するのである。つまり,主体的・能動的に活動に取り組むことができ,つまずきそうな部分は保育者の援助を得て,最終的にその活動を成し遂げたとき,子どもは達成感・満足感を得ることができる。このプロセスを経て,次の活動へのステップとなるのである。

保育者が子どもに援助をしたり指示をしたりするときは,言葉だけでなく,視覚や触覚に訴えた方法も有効である。子どもに促す行動をカードにイラストで描いて示したり,その場所に一緒に移動して,目の前で具体的に見本を見せたりなど,その子どもが理解できるような方法で指示を出すとよい。

(2) 視覚障害

視覚障害とは,視力や視野など視機能(眼で物を見る機能)が十分でないために,全く見えなかったり,見えにくかったりする状態のことをいう。明暗もわからない状態を全盲,それ以外を弱視という。全盲の場合は,生後すぐに障害が発見される場合が多く,乳幼児期から医療機関と連携して,専門機関で教育を受ける。弱視の場合は発見が遅れることもある。また,弱視と診断された場合でも,一人ひとりの見え方は,さまざまである。保育現場では軽度の弱視児が想定される。保育者は,子どもの行動をよく観察し,その子どもがどのような場面で困難さを感じているかを知ることが重要である。

1)視覚障害児の理解

弱視児の場合,絵本を読んだり,製作をしたりなど,目で見たり目と手の協応が必要な活動に困難が多く見られる。また,移動の際や身体運動を伴う遊びの際にも足元がおぼつかなくなる。いずれの場合も,本人がもっている視覚能力が最大限に活かされるように,環境を整えたり,保育者が傍らについて安全を確保したりするなどの工夫が求められる。

2）支援の方法

見えないとはどのような状態か。試しに目をふさぎ数メートル歩くことで理解できる。だれもが必ず怖いという。見えないことは怖い。危険ということである。見えにくさも同様である。例えば，昼間見えていた物が，夕方には見えないということである。周囲を見渡してみる。廊下や部屋の片隅に物が置かれていないか注意する。保育者にとっては日常的な環境整備がより重要となる。また，周囲の子どもたちに危険を知らせることもできる。保育者が「○○ちゃんは，眩しいの」「ぶつかると転ぶ」と幼児にわかるような具体的表現で説明することで，ほとんどの幼児は納得する。

（3）聴覚・言語障害

聴覚障害とは，内耳，中耳，外耳に何らかの損傷があり，全く聞こえなかったり，聞こえにくかったりする状態をいう。残存聴力が90dB以上を「聾」という。最近では医療機関で新生児聴覚スクーリングが行われるようになり，発見が容易になった。医療機関で聴覚障害と診断されると，ほとんどの乳幼児は補聴器を装用することになるが，最近では，手術をして人工内耳を装用するケースもある。

また，言語障害とは，発音が不明瞭，話し言葉のリズムがスムーズでないなど，話し言葉によるコミュニケーションが円滑にいかないことをいう。口蓋裂，吃音，脳性麻痺などにより言語障害が生じることがある。

1）聴覚・言語障害児の理解

軽度の難聴児の場合は，補聴器を装用することで，相手の音声言語を聞き取ることができる。保育者の指示も友だちとの会話もある程度聞き取れる。ただし，健常児のようには聞こえていない。聞こえにくさとは，単に入る音が小さいわけではない。聞こえる音と聞こえない音がある。さらには，ほとんどの難聴児にノイズ（雑音）が伴う。雑踏の中で他人の声を聞き取るようなものである。そのために聞き落とし，聞き間違い，勘違いを起こしやすい。聞こえていてもすべてが聞き取れるわけではない。そのために誤解が生じ，時に他人との間でトラブルが生じる。

2）支援の方法

言葉の発達に遅れが見られる場合には，その子どもが理解できるように話しかけ，子どもが話しているときには，最後まで辛抱強く聞く姿勢が大切である。文字や写真，イラスト，身振り手振り，表情など，音声言語と同時に視覚的な情報を与えることで，言葉の理解を助けることも重要である。「言葉によるやりとりが楽しい」「言葉を使いたい，表現したい」という気持ちを引き出すことが肝要である。また，言語が不明瞭なために周囲の子どもたちに，からかわれたりいじめられたりすることもある。そのあたりを十分配慮すべきである。

（4）肢体不自由

肢体不自由とは，上肢（手と腕），下肢（足と脚），体幹（胴体）の永続的な運動機能障

害のことであり，日常生活を行うのに不自由をきたす状態をいう。

1）肢体不自由児の理解

保育現場には，重度の肢体不自由児が入ることは稀である。障害児全般にいえることであるが，中軽度の肢体不自由児は，療育機関や医療機関に定期的に通いつつも，保育所や幼稚園に在籍し，特別な支援を受けながらクラスに属している。同年齢の子どもたちと同じ生活経験を通して，集団生活や社会性を身に付け，自立できるようになることがその目的である。

2）支援の方法

保育者は子どもの好きなこと，できることを活動の中に取り込む。また，すべてに手を貸すのではなく必要な部分を支援して，子ども自らが自分の力を発揮して何かを成し遂げるという成功体験へ導くことが大切である。

（5）内部障害（病弱・虚弱）

内部障害とは，病弱・身体虚弱ともいい，慢性疾患や身体の内部（内臓など）に機能障害があることである。医療機関において，継続した長期にわたる治療が必要なために，その間，生活規制が必要となる。

1）病弱児の理解

内部障害をもつ子どもの多くは，医療的なケアを受けつつ生活している。最近でこそ長期入院が緩和され，家族と過ごす時間が増えてきたが，依然として，医療管理下に置かれていることが多い。この生活規制が，パーソナリティ形成や自立に多大の影響を及ぼすことは疑う余地がない。何よりも幼児，児童は，自身の病気を客観的に理解することはできない。

2）支援の方法

医療機関との連携，保護者の協力を得ながら保育環境を整えていく。例えば医者から禁じられている食べ物を子どもが「食べたい」と口にしたとき，「食べてはいけない」と一方的に禁止するのではなく，「そうだね，食べたいね。でもよく我慢しているね」と共感し，我慢していることを褒めてあげる。子どもの気持ちに寄り添うことが肝要である。

4. 特別支援教育と支援

特別支援学校とは，障害児等が「幼稚園，小学校，中学校，高等学校に準じた教育を受けること」と「学習上または生活上の困難を克服し自立が図られること」を目的とした学校である。2007年以前は，盲学校・聾学校・養護学校は，特殊教育（現在の特別支援教育）を行う学校として個々の学校種として法令に規定されていたものの，2007年以降は同一の学校種となった。

小学部から高等部においては，普通学校の小学校から高等学校と同じ内容の国語，算数，理科，社会，英語，技術・家庭，情報，体育，音楽，美術といった教科も教えられるが，それぞれに障害を克服し，伸ばすことのできる能力を発展させるよう，教える工夫がなされる。特別支援学校においては，「自立活動」と呼ばれる活動が障害の特性に応じて行われている。自立活動には，自分の安全を図るための手段とその工夫を学ぶことなどが含まれている。

　また，入学してくる児童生徒の障害が重度化傾向にあることから，学級を担任せず自立活動を専門に行う教諭も配置されている。さらに2007年度より始まった特別支援教育により，その期待度も高まったことも要因で，特別支援学校に在籍する児童生徒数は年々増加傾向にある（表8－1）。

表8－1　国・私・公立特別支援学校の年度別在籍児童生徒総数

在籍年度	1998年	2000年	2002年	2004年	2006年	2008年	2009年
在籍児童生徒総数	87,445人	90,104人	94,171人	98,796人	104,592人	112,334人	117,035人
前回比増加数		+2,659	+4,067	+4,625	+5,796	+7,742	+4,701

（文部科学省統計資料，2010）

第8章　学びのポイント

　親から虐待される子どもの相当数が発達障害ともいわれる。見かけは普通の子，しかし，親にとっては育てにくく扱いにくい子どもである。親はどうしてよいかがわからない。結果，必要以上につらくあたる。核家族と少子化，それに伴うコミュニケーション不足が子育てをさらに難しくしている。親も子もある意味では被害者といえる。

【引用文献】
1）郷間英世・宮地知美ほか：「幼稚園・保育園における『気になる子』に対する保育上の困難さについての調査的研究」，京都教育大学紀要　No.113（2008）
2）西村智子・小泉令三：「就学前の『気になる』子の行動特徴と発達障害の関係」，教育系・文系の九州地区国立大学関連論文集　第5巻　第1号（2011）
3）七木田敦・水内豊和・増田貴人：「保育者の子ども理解に及ぼす要因の検討」，広島大学教育学部紀要　第三部　第49号，pp.339〜346（2000）
4）西野泰広・田島信元編：『ちょっと気になる子どもたち』，福村出版（1986）
5）池田友子：「保育所における気になる子どもの特徴と保育上の問題点に関する調査研究」，小児保健研究　Vol.66，No.6（2007）

【参考文献】
・藤野信行編著：『新版　障害者心理学』，建帛社（2004）
・尾崎洋一郎・池田英俊ほか：『ADHD及びその周辺の子どもたち』，同成社（2006）
・鳥居深雪：『脳からわかる発達障害』，中央法規出版（2009）
・佐藤暁・小西淳子：『発達障害のある子の保育の手だて』，岩崎学術出版（2008）
・昇地勝人・昇地三郎編：『障害幼児の理解と支援』，ナカニシヤ出版（2005）
・若井淳二・水野薫・酒井幸子：『障害児保育テキスト』，教育出版（2006）
・渡部信一・本郷一夫・無藤隆編著：『障害児保育』，北大路書房（2005）
・平山諭編著：『障害児保育』，ミネルヴァ書房（2008）
・徳田克己・遠藤敬子：『ハンディのある子どもの保育ハンドブック　初めて障害児を担当する保育者のために』，福村出版（1997）
・厚生労働省HP「保育所におけるアレルギー対応ガイドライン」
　http://www.mhlw.go.jp/bunya/kodomo/pdf/hoiku03.pdf

コラム

障害理解の難しさ

　学生に正しく障害を理解させるためには，偏った価値観が反映されないようにすることが肝要である。偏った価値観とは，例えば，障害児がいかに悲惨であるか，いわれのない偏見や差別に苦しんでいるか。あるいは，彼らがいかに健気に努力しているかを強調する姿勢である，確かにある面では真実である。しかし，障害児のイメージがそのように固定化されることは，決して望ましいことではない。実際に大学生を対象に障害児のイメージを調査した結果，「暗い・厳しい・辛い・やさしい・惨め」がベスト5である。

　同様に，教師の側についていえば，特別支援学校教育の草分けであった三木安正が，教師を対象に障害者の中で最も気の毒と思う障害は何かと質問している。30年以上昔の話であるが，結果は，第1位が視覚障害者である。次に肢体不自由，反対に最も気の毒ではないとしたのは，聴覚・言語障害者である。三木は，この結果が表していることは障害の理解というよりも，自身が単に目が不自由になると行動できないので困るため，困る順に選んだにすぎないと述べている。また，教師でさえもこの程度の理解であると述べている。障害者に対するマイナスイメージは，まさしくステレオタイプなのである。この原因は，わが国の過去の障害児に対する福祉施策や制度，障害児教育の特殊性によるところが大きい。障害児は悲惨である。哀れみの対象であるとの固定観念が，彼らを苦しめていることに気づかなければならない。

　正しい知識や理論といえば，一般に障害児・者を理解するとは，障害のある人を理解することであると考えられている。しかし，これはある種の錯覚である。障害を理解することと障害児・者を理解することは同等ではない。学生のレベルでは，まず障害の特性やそれによって派生する問題や課題を明らかにする。さらにそれらを解決する方法や制度を学ぶことが肝要である。そして，共感性，自尊感情を重視する保育者になることを目指して欲しい。

第9章
教育相談のあり方
何でも相談できる先生になる

　子育てについて悩まない親はいない。「これでいいのか，間違っていないか」と絶えず心配するのは，親の心理としては当然のことである。書店の育児コーナーをのぞいてみると，そこにはあふれんばかりの育児書や育児情報雑誌が山積みになっている。その内容を見てみると，一般的な子どもの成長について月齢を追って事細かく書かれており，それらに対して親は何をすべきなのか，一つひとつ解説している。インターネット上では，あちらこちらで，育児書どおりに進まない子どもの発達や，思いどおりにならない子育ての悩みが書き込まれている。

　育児をしている親は，それまでの人生の中で子どもを身近に見る機会がほとんどなく，赤ちゃんを抱くのはわが子が初めてという人が多い。子どもはなぜ泣きやまないのか，子どもとどうやって遊べばよいのか，トイレットトレーニングはいつから始めたらよいのか，言葉を教えるにはどうしたらよいのか，何ができていれば保育所・幼稚園に入れてもらえるのか，園でわが子は友だちと仲良くできるかなど，親にとっては初めてのことばかりで，日常生活におけるほんのささいな事柄に対しても不安がつきまとう。しかし，周囲に相談できる人がなかなか見当たらないというのが現状である。

　そこでこの章では，保育所・幼稚園で求められる教育相談のあり方について，考えてみよう。

1. 教育相談

（1）教育相談とは

　教育相談とは，小学校・中学校・高等学校などの学校，もしくは教育センター等の教育関係諸機関において，児童・生徒の教育上のさまざまな問題に対する相談に応じたり，指導を行うことである。教育上の問題とは大きく分けて，

① 学業相談…学習成績の習熟度から見て授業進行についていけない，やる気が出ない，勉強がつまらないといった，学業の不振や意欲喪失など学業全般に関すること
② 進路相談…進学や就職など進路に関すること
③ 適応相談…しつけ，習癖，不登校（園），いじめ，自信欠如，対人不安，情緒障

害や発達障害による不適応など，さまざまな行動上あるいは人格上の問題を含む適
　　　応全般に関すること

がある。また，学校教育相談としてその学校に在籍しているすべての子どもを対象に予防的な関わりをする開発的教育相談と，心理的・社会的な問題をもつ子どもに対する治療教育としての意味合いが濃い治療的教育相談とに分ける場合もある[1]。

　いずれの場合においても，一人ひとりが抱える悩みや問題解決の援助をすることによって，子どもの人格の成長を促していくことを目的としている。教育相談の対象となるのは，子ども本人だけでなく，保護者や担任をはじめとした教師も含まれ，それらすべての人を援助するものである。

（2）幼児期の教育相談とは

　保育所・幼稚園等で関わる幼児期の子どもに関する教育相談としては，まずは，子育て相談が挙げられる。これは広く子育て全般に対する不安やしつけ，悩みに対する相談が対象となる。地域の子育て経験者によるものから，保育士や保健師，栄養士等が行うものまでさまざまある。特に保育所・幼稚園等では，在園児の保護者だけでなく，広く地域住民の子育て支援にたずさわることが求められる（詳しくは，「保育所保育指針」「幼稚園教育要領」参照）。

　次に，心理・発達相談が挙げられる。これは子どもに障害や発達面，行動面，社会面の問題が見られる場合，それらに関する相談が対象になる。子どもへの関わりや支援の仕方に悩む保護者や保育・教育関係者に対して，その問題に応じて例えば，障害児保育（教育）の経験のある保育者・幼稚園教諭や特別支援に携わる教員，療育機関の指導員，理学療法士，作業療法士，臨床心理士，ケースワーカー，小児科医や児童精神科医等が相談に応じる。子育て相談から，継続・紹介されてくることも多い。

　さらに，就学相談が挙げられる。これは小学校に就学するにあたり，特に配慮が必要と思われる子どもとその保護者に対して，必要な教育制度の情報提供を行ったり，各市町村の教育委員会の担当者や専門相談員，特別支援学級の担当者，巡回相談担当者等が相談に応じる。就学時健診や子育て相談，心理・発達相談を行っているところからの紹介や，保育所・幼稚園等からの紹介，医療機関からの紹介もある。子どもの発達と現在の様子から，対象となる子ども一人ひとりにとって最善の選択ができるように支援していくものである。

2. 話を聴く際の基本的態度（カウンセリングマインド）

　話を聴く際の基本的な態度・姿勢について触れておく。心理臨床としてのカウンセリングの技法でもあるが，保育所・幼稚園等で保育者として幼稚園教諭として，保護者の話を聴く際にも大いに役立つものである。

(1) カウンセリングとは

臨床心理学の分野では，人間が抱えている心の問題を解決するための主な技法として，心理療法とカウンセリングの2つがある。

心理療法とは，主に精神障害や人格障害・重度の神経症や躁うつ病など，病理的な（一般的には重い）問題を抱えている人の行動やパーソナリティの変容を目的とする方法である。

一方，カウンセリングとは，言語あるいは非言語的なコミュニケーションを通して，主に精神的健康度の高い人の心の問題を解決したり，人間としての心の成長を促していくための援助を行うことを目的としており，教育相談においても有効である。

(2) ロジャーズの考え方

カウンセリングにはさまざまな学派や立場があるが，ここではカウンセリングの基本的な理論として，ロジャーズの考え方について紹介する[2]。

ロジャーズは，人間はだれしも，自分自身を豊かに成長させるために，基本的な潜在能力をもち，こうありたいという理想の自分に近づいていこうと努力する存在である，という人間観をもっていた。しかし，人間は物事がうまくいかずに失敗ばかりが続くと，自分はだめな人間なのではないか，などという不安から，今までの努力や体験を否定したり歪めたりして，不適切な防衛が生じ，思い悩んでしまうことがある。そのようなときには，そばにいる人が，思い悩む人の抱える問題や悩みを，心から耳を傾けて聴くことによって，問題を抱えた人は再び自力で前に歩んでいくことが可能になる，と主張した。

そして彼は，カウンセリングの基本的要素として次の3つの条件を挙げた。

① 自己一致：カウンセラーがクライエント（相談者）との関係の中で，態度に表裏なく，現実の体験が自己意識によってありのまま正確に表現されるよう，一致していて純粋で統合されていること。偽りのない心で接すること。

② 無条件の肯定的尊重（受容）：クライエントの態度がどんなに否定的でも肯定的でも矛盾していようとも関係なく，一人の価値ある人間としてまるごとすべてをあたたかい気持ちで無条件に受容すること。相手の気持ちや感情，考え方を尊重すること。

③ 共感的な理解：クライエントが何を感じ，何を考えているのか，その内的世界をあたかも自分自身のものであるかのように，相手の身になって感じ取って理解し，同時にその中に巻き込まれても自分を失わないようにすること。

カウンセラーは，これら3つの条件をそろえたうえで，クライエントの話を心を込めて聴くことによって，クライエントとの間にラポール（親和的雰囲気）を形成する。「この人は自分のことをわかってくれる」「親身になって聴いてくれる」という信頼感が生まれると，クライエントは安心して自分の内的世界を語ることができるのである。

（3）カウンセリングマインド

　それでは専門家としてのカウンセラーにはならなくても，保育者・幼稚園教諭の立場から保護者の悩みを聞く際の姿勢としては，どのようなことが必要であろうか。

1）信頼関係を築く

　どのような間柄でも人間関係を作り上げていくにあたって基本となるものは，信頼関係を築くことである。そのために大切なことは相手を尊重することである。このことはなにも保護者の意向にすべて従わなければならないとか，機嫌をとるなどといった意味ではない。相手をよく知る，つまり保護者を理解しようとする姿勢が求められるのである。

　相手を理解する第一歩として，気軽に話せる雰囲気を作ることが重要になってくる。それは，保護者のためにまとまった時間を作るという意味ではない。毎日の朝夕の送り迎えのときの声かけ，園でのちょっとした様子を伝える立ち話から始まるのである。迎えが遅く忙しそうにしている保護者に対しても，「お母さんも大変ですね」「お疲れ様です，○○ちゃんもいい子にして待っていましたよ」，そんなさりげない一言から信頼関係は作られるのである。

　さらに当然のことではあるが，保育者・幼稚園教諭と子どもとの信頼関係ができていることも大切である。女性の高学歴や社会進出により，保育者・幼稚園教諭よりも保護者のほうが，ずっと人生の先輩であることは多い。初めのうちは，たとえ「こんな若い先生にうちの子を任せておいて大丈夫かしら」と思っていたとしても，自分の子どもが先生を信頼している様子を見れば，保護者も保育者・幼稚園教諭に対して次第に信頼を寄せていくものである。

2）傾聴する

　保護者の話をきく際の基本的態度は，相手の話に耳を傾けることである。漢字で表すと，「聞く」「訊く」ではなく，「聴く」という字をあてる。「聞く」は，音が聞こえる，声が聞こえる，あるいは聞き流すという，どちらかというと聞く側は特に意識しなくとも，耳に入ってくるという様子を表している。「訊く」は質問する，尋問する等，意図をもって相手にたずねる様子を表している。

　一方，「聴く」は身を入れてきく，耳を傾け注意してきく様子を表している。相談者の話をきくときには，この「聴く」という字を使った傾聴するという言葉を使う。この「聴」の字は，耳と十と目と心という字から成り立っている。相手の話をきくときには，「耳と目を十分に使って（相手の話している言語的な内容を耳できき，話しているときの相手の非言語的な様子を目で見ながら）心をこめて」

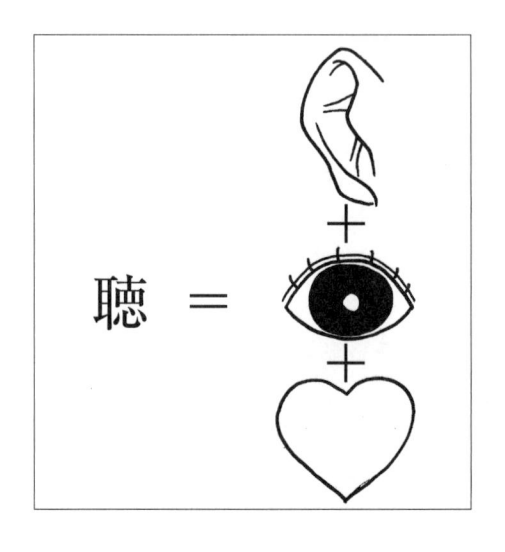

聴くことが大切である。真剣に身を入れて相手の話を聴くのである。

3）受容し共感的に理解する

傾聴した話の内容を受け止め，共感的に理解することが大切となる。それは同情ではなく，相手の気持ちや感情を自分のことのように受け止め，相手の立場になって考えてみることである。わかろう，理解しようと努力することによっていくらかでもわかるようになる。すると同じ感情を共有できるようになる。

大切なことは，相手の訴えを真剣に聴いて受け止めることである。もしも保育者・幼稚園教諭が「あの親，苦手なのよねぇ」「こんなに一生懸命やってあげているのに」「まったくあの親ではどうしようもないわね」といった気持ちを抱いていたならば，相互の理解は進まない。何がそう感じさせるのか，その保護者の態度にはどのような背景があるのか，について考えてみる。子どもへの理解不足なのか，子育てに不安を抱えているのか，家族内でのサポートがなく，母親一人で子育てをしているのか，母親自身が人とうまく関わることが苦手なのか。保護者自身がもつコンプレックスや心理的葛藤を理解しようとする姿勢が必要である。

その一方で，なぜそう感じるのかについても考えてみる。保育者・幼稚園教諭として何をやっても満たされず，何をやっても実感がわかない不全感を抱くのは，あるいは空回りしてしまうのは，なぜか。自分の専門家としての経験・力量不足によるものなのか，職員間のサポートが十分に機能していないのか，保育者・幼稚園教諭自身が孤立していると感じているのか，といった保育者・幼稚園教諭自身の問題がそこに投影されていることもある。

相手の話を傾聴することで親和的で温かい雰囲気，ラポールが形成される。そのうえで相手を尊重して信頼関係を築き，相手の話を共感的に理解するという姿勢が教育相談の基本となる。

3. 幼児教育と保育における教育相談

（1）保護者から見た保育者・幼稚園教諭

> ヒロト君（5歳）のお母さんは，今朝もがっかりしてしまった。ヒロト君は昨日の夜から少しお腹をこわしている。熱もないしヒロト君自身はいたって元気で，保育園を休みたくないと言う。そこで今朝，園へ送っていったときに，担任の先生に「ちょっとお腹をこわしているので，一応着替えも持たせています」と声をかけた。すると先生は「今朝は何を食べさせましたか？」と言うのだ。お母さんは耳を疑った。「お腹こわしているって言っているのに，食べさせるわけないじゃない‼ 私が何か悪いものでも食べさせたって言うの?!」と思ってしまった。「この先生は何でそんな言い方しかできないのだろう。本当にこんな若い先生が担任で，大丈夫なのかしら？ ウチの子をちゃんと見ていてくれるのかしら？」という思いがまた頭をよぎってしまった。

常日頃から保育者・幼稚園教諭と親との間に信頼関係が築かれていないと，保育者・幼稚園教諭の何気ない一言が反発を生むこともあるし，何よりもスムーズに意思の疎通が図れない。上記の場合も，担任としてはどの程度体調が悪いのか，特別な配慮が必要かどうかということを把握するために声をかけたつもりだったのだが，母親にはそれが通じず，まるで担任が母親を非難しているかのように受け取られてしまった。

（2）保育者・幼稚園教諭から見た保護者

> 　ミユキ先生は，思わずため息が出てしまった。毎朝送ってくるお母さんのほうはブランド物を身につけてお化粧もバッチリしているのに，子どものほうはというと，たしかに着ている物は高そうなのだが，いつも顔は寝起きのままで洗った形跡もないようだし，眠そうにボーっとしている。園の門の前で子どもがぐずると，「はやく行きなさいっ」と言ったきりくるりと背を向け，他のお母さんたちと連れ立って楽しそうに出かける相談をしている。きれいに着飾るのは一向に構わないし，保護者同士で仲良くすることは大切だけれど，子どもに対しての基本的な世話がなされていないのでは困る。子どもにとって望ましい生活のリズムやしつけなど，家庭生活での重要なことはたくさんあるのに，近頃のお母さんたちは何でも園まかせ。トイレットトレーニングもしつけもすべて園でやってくださいと言わんばかりだ。これでは子どもたちよりも先に，まず親に対してしつけをしなければならないのではないかしらと頭を抱えてしまう。

　生活のスタイルや価値観，ニーズは時代とともに変化してきている。その中で親になること，親であることの意識も少しずつ変わってきているのかもしれない。

　本来，子どもには子どもの生活のリズムがある。日中は身体を思いきり動かして遊び，栄養のある食事を3食きちんと食べ，睡眠をたっぷりとることが成長にとって大切である。しかし，親の都合や生活に合わせて子どもに夜更かしさせたり，食事が不規則になったりというような，大人中心の生活リズムに子どもを巻き込んでしまっている家庭もある。このような環境は，子どもの成長・健康という面から見て，決して好ましいとはいえない。また，子どもの意見を尊重することと言いなりになることとの区別がつかずに，何でも手を貸す過保護な親や，子どものためといいながら，実は親が自分の思いどおりにしようとしている過干渉な親など，未熟な親の多さも指摘されている。

（3）どうしたのかしら

> 　マリコ先生は，ナオユキ君（3歳）の様子がとても気になる。入園したての頃はどの子も園に慣れずに大わらわだったけれど，1〜2か月たってくると次第にクラス全体も落ち着いてくる。その中でナオユキ君は，いつもみんなが遊んでいる周りをフラフラ歩いているだけで輪の

> 中に入ろうとはしない。声をかけると耳をふさいで逃げていってしまう。言葉を発することはあまりなく、ナオユキ君からの要求は、先生の手を引っ張ってキーッという声を出すことで示されている。家でのナオユキ君の様子をお母さんに聞いてみようと思うのだけれど、お母さんはいつも忙しそう。朝は姿が見えたかなと思うとナオユキ君だけがボーゼンと玄関に立っているだけで、お母さんの後姿はもう車の中へと消えている。声をかけるのもためらわれるほど。そこで今日こそはと、マリコ先生は他のお母さんとの挨拶もそこそこに、ナオユキ君のお母さんに声をかけた。「実はナオユキ君のことなんですが……」と切り出すと、お母さんの表情がサッと固くなってしまった。お母さんも園に慣れていないんだわと、マリコ先生はどうしたらいいのかしらと悩んでいる。

　保育の中で日頃、子どもたちの様子を見ていると気になることがいろいろ出てくる。保育者・幼稚園教諭が子どもの問題について話しかけただけで、自分の子育てを非難されたと受け取ってしまう親も中にはいる。そのような場合、子どもの問題だけでなく、その背景に保護者自身が抱えている悩みや不安、例えば夫婦の問題や経済的な問題、保護者自身の健康問題、祖父母や社会との関わりの問題などがあることも考えられる。そのことに保育者・幼稚園教諭が気づかないまま、親に対してアプローチを続けようとすると、親は心を閉ざし、さらには保育者・幼稚園教諭を避けるようにもなってしまう。

（4）何気ない会話の中で

> リカコ先生は、ナツミさん（5歳）のお母さんがちょっぴり苦手だ。「この園は預かってくれる時間が短い」だの、「お遊びばかりでなく、ひらがなくらい教えて欲しい」などと不満が多いのだ。今朝も「何で毎日お弁当なのかしら。他の園はみんな給食なのに」と言うのだ。リカコ先生は（そんなことは、入園前からわかっていることなのに）と思っていたら、隣のクラスの先輩保育者が「ほんとよねぇー、毎日じゃお母さんも嫌になっちゃうわよねぇ」と話題に入ってきた。びっくりしていると、ナツミさんのお母さんは「うーん、でも帰りにかばんの中でカタカタお箸が鳴っていると、ああ、ナツミは今日も園で元気に過ごしたんだなぁって思うの。でもねぇ、やっぱりこう毎日忙しいと、ついつい『ほら、早く支度しなさい』だの、『早く寝なさい』だの、『早く、早く』って言っちゃって。昨日ナツミに『お母さん、怒ってばっかりでキライ』って言われちゃって。ショックだったわぁ。でもそうなのよねぇ。優しくしなくちゃって思うんだけど、ついつい……」と言うのだ。リカコ先生は、園ではおとなしいナツミさんがそんなことを言ったとは、と驚いたと同時に、お母さんの気持ちをほんの少し垣間見た気がした。

　保育者・幼稚園教諭と保護者との間で、何気ない会話を傾聴していくことでラポールが形成され、そこから次第に親自身のもつ不安やストレスも語られることがある。共感とは同情ではなく、相手の気持ちや感情を自分のことのように受け止め、相手の立場になって考えてみることである。わかろう、理解しようと努力することによって、いくらかでもわかるようになる。すると同じ感情を共有できるようになる。この相手を理解しようという姿勢が重要といえる。

（5）気づいているかしら

年中組の担任のミユキ先生はユウ君（4歳）の様子が気になっている。入園当初から見ると，ユウ君なりに担任を意識して膝に乗ってきたり，友だちとも少しずつ手をつなげるようになってきた。けれどもクラス全体から見ると，集団での行動は，指示が理解できずに動き回ったりすることがまだまだ多い。運動会の練習でも，去年よりは参加できる種目が増えてきたけれど，それでもやはり，だれかがついてそばで一つひとつ指示しないと難しい。ちょっと注意しただけで叫び声をあげたり，友だちに突進して叩いたり，蹴っ飛ばしたりのパニックは相変わらず。ユウ君の成長ぶりは認められるものの，担任としても，このままの関わりでよいのかしらと迷っている。一度，専門機関への受診を勧めたいと考えている。ただ，ユウ君には生まれたばかりの妹もいるので，なかなか難しそうだ。園での様子をお母さんは気づいているかしら，伝えたらショックを受けるかしら，とミユキ先生は考えている。

　毎日の園での生活の中で子どもたち一人ひとりの様子を観察していくと，各人年齢に応じた成長を見ることができる。しかし中には気になる行動，困った行動をする子どももいる。そのことについて保護者にどのように伝えたらいいか，どうしたら理解してもらえるか，保育者・幼稚園教諭として悩むところである。

　親は皆，わが子に対して元気に何の問題もなく育って欲しいと願っている。公園で，近所で，園で，他の子どもたちと見比べて「うちの子は言葉が遅いみたい，何かが違う，仲間に入れずに1人だけ浮いている，みんなと遊べない」というような点を見つけると，「どうしたのだろう，私の愛情不足かしら，それともウチの子は何か問題があるのかしら」と思う一方で「いや，そんなことはない，もう少しすれば言葉も出てくるだろう，落ち着いてくるだろう」とも思い，激しく揺れ動くものである。

　そういった保護者の気持ちを十分理解したうえで，その子どもにとって今一番何が必要なのか，担任と保護者だけでなく，園全体の問題として，その子どもに関わるすべての人々で考えることが大切である。しかしその際に，保護者との信頼関係が成立していないと，園での様子を知らされた保護者は「邪魔者扱いされているのではないか」などと受け取りかねない。そこで子どもの良い面・成長している面について保護者に伝えながら，さらに担任として心配なこと・気になることについても，子どもへの対応として親が工夫している事柄があれば園でも参考にしたいという姿勢で尋ねてみることも一つの方法である。さらに，日頃から保護者とはよく意思の疎通を図り，時には園での様子を一緒に観察してもらう機会をもつことも有効である。

　また，子どもの成長をしっかりと把握しながら関わってくれる，保健センターや児童相談所，小児科など地域の福祉・医療・教育の分野における専門機関についても日頃か

ら情報を得ておくことも必要である。そして保護者の意向を汲みながら家族を中心に連携し，一つのチームとして子どもの成長を見守っていくことが大切である。

(6) 小学校入学に向けて

> キミエさん（6歳）のお母さんは悩んでいる。キミエさんは，小さく生まれたこともあり全体的な発達が他の子と比べると明らかに遅れている。言葉の面では年長組になってようやく会話らしくなってきたところだし，運動面は，身体が小さいこともあって体力もあまりないし，運動神経も不器用な気がする。生まれた時からのかかりつけのお医者さんには，8割くらいの発達と言われている。3年間の保育園での生活は，キミエさんの発達にとても良い刺激になっていた。初めは集団行動ができずに，指示されたことも理解できていなかった。しかし少しずつではあるけれど，先生に慣れてきてお友だちの様子を見ながら行動ができるようになってきた。保育園では先生方の理解と協力があって何とかやってこられた。けれど小学校に上がると勉強も始まるし，なかなか難しいのではないかしらとお母さんは心配だ。でも，地元の小学校で他の活発な子どもたちから刺激を受けるということは，キミエさんの成長にとって大きな意味があるとも思う。お母さん自身キミエさんがどの程度理解できているのか，他の子についていけるのかなど全くわからない。そこで園の先生と相談しながら，専門家の意見も聞いてみたいと考えている。

就学については，各市町村の教育委員会などの機関が窓口となって相談を受け付けている。園としては在園期間中の子どもの様子や保育者や他の子どもたちとの関わりなど成長面についてあらためて振り返りながら，保護者が，子どもにとって最良の選択をできるように援助することが大切である。

4. 保護者への対応

(1) 保護者との信頼関係を築く

これまで述べてきたように，まずは信頼される保育者・幼稚園教諭になることである。信頼とは，保護者からの質問や相談に完璧に応えられるということではない。保育者・幼稚園教諭として，人として，保護者との絆を深めていくことである。必要があれば，調べる，あるいは先輩保育者・教諭や主任，園長に質問するなどして知識はおぎなえる。また，経験はおのずとついてくる。しかし保護者に信頼されるために必要なのは，それだけではない。日々の職務を大切にして，保育に，幼児教育に取り組むことである。

さらに，保護者を信頼することである。初めから完璧な親などいない。特に保育者・幼稚園教諭が関わる乳幼児をもつ保護者は，子どもの親になってからまだ日の浅い人たちばかりである。親としてさまざまな経験を積み重ねていくうちに，少しずつ親らしくなっていくのである。今はまだ未熟な親かもしれないが，親として育っていく可能性を信じることも大切である。

このようにお互いが相手を信頼していくことが，教育相談の基本となる。

（2）保護者の不安に気づく

　就学前の子どもをもつ保護者の子育てにおける悩みとしては，「経済的な問題」「子どもの気質」「子どもとの関係」などに関連したものが多く，それらは多岐にわたっている。また保護者，特に母親は半数近くは「子どもとの接し方に自信がもてない」と感じている[3]。

　園に対して，身勝手なクレームをつけてくる保護者の心理的背景には，必ずと言ってよいほど不安が存在する。「わが子を公平に見てもらえていないのではないか」「きちんと子育てをしていないと思われていないか」という園への不満に加え，「子どもを虐待してしまいそうな気がする」「だれも自分の話をきいてくれない」という家庭での不安など，本人も気がつかないうちに，子どもに関することと保護者自身のことが，さまざまに入り混じってしまっていることが多い。これらの不安とそこから発生する葛藤によって，適切な養育ができない状態になっているのである。これらの不安を一つひとつていねいに聞き取り，一緒に考えていく。

　子育ては親だけがするものではない。保育においても幼児教育においても，保護者とともに子どもを育てていくという姿勢をもつことで，保護者の不安や気負いを軽減させ，必要な支援を提供しやすくなるだろう。

（3）面談をする際の留意点

　保護者との日常生活に関するささいな情報交換であれば，朝夕の送り迎えの中ですませることもできるが，落ち着いて話をするとなるとそうもいかない。そこで，保護者とお互いに時間を設定して面談をすることになる。

　その際には，できれば担任だけでなく，主任や園長にも同席してもらうとよい[4]。そして，園として保護者と協力していきたい，支援していきたいという気持ちをもって面談を進めていく。説明するときには専門用語を使わずに，日常的な言葉で話をする。例えば，園で困っている子どもの行動について話す際には，「園での関わりの参考にしたいので，家庭ではどのような工夫をしているか，教えてほしい」という姿勢で尋ねてみることも一つの方法である。

5. 専門機関との連携

　何かしらの問題を抱える子どもの保護者は，子どもに対して育てにくさを感じていたり，どう関わっていいかわからない，と養育に自信をなくし，子どもや家族との関係の中で心理的負担が増大していることが少なくない。また園での対応が難しく，学級経営上の問題も深刻化する場合もあり，担任の抱えるストレスも大きい。

　近年では，保育所・幼稚園にも相談の専門家が自治体から派遣されて巡回相談を行っているところもある。担任と保育所・幼稚園とが協力して対象となる子どもや親に関わ

り，必要があれば外部の機関の専門家へとつなげて子どもを理解していくことが大切である。

そして，教育相談において何より重要なことはチームワークである。子どもや親の抱えるさまざまな問題を，担任が自分一人だけで対応して抱え込むのではなく，園や学校内の他の教員，スクールカウンセラーとも連携し，さらに外部の小児科・児童精神科のクリニック，保健センター，教育センターや適応指導教室，児童相談所や療育支援センター，大学の心理教育相談室などの専門機関とも，必要なときにはいつでも連携をとれるようにしておくことが必要である。

勤務する保育所・幼稚園のある地域には，どのような専門機関があるのか，どのような場合に紹介することができるのか，どのような連携がとれるのか，情報を共有しておく。そして，そこに携わっている医師・臨床心理士・保健師・ケースワーカー・相談員・言語聴覚士・作業療法士などさまざまな専門職についてそれぞれの特性を知り，日頃からコンタクトを取り合って人間関係を築いておくことも，より良い教育を目指していくうえで有益なことである。

保育所・幼稚園では，担任は子どもと一日のうちの多くの時間を一緒に過ごす。そのため子どものほんの小さな変化にも気づきやすい。また朝夕の送り迎えや行事などで保護者と関わる機会が多く，親密な関係を築きやすい。保護者との挨拶や会話の中から積極的にコミュニケーションを図っていくと，親自身の不安や悩みなどもとらえやすい。そこでその利点を最大限に生かして，担任が窓口となってさまざまな専門家と連携して一人ひとりに応じた援助・指導をしていくことができる。

このようにして見てみると，乳幼児期の教育相談とは，保育士・幼稚園教諭が子どもや保護者とどう信頼関係を築き，周囲とどのように連携していくかが，鍵になってくる。そのためには，開かれた園作りと地域全体のネットワーク作りを充実させることが肝要である。

> **第9章 学びのポイント**
> 　教育相談では，保護者との間に信頼関係を築き，相手の話を傾聴して，受容し共感的に理解することが重要である。それには日頃の何気ない会話や関わりを大切にしながら，相手をよく観察することが必要である。

【引用文献】
1）滝澤武久編：『教育心理学と子どもの指導』，八千代出版（1996）
2）Rogers, C. R.: The necessary and sufficient condition of therapeutic personality change. *Journal of Consulting Psychology*, 21, 95–103（1957）（伊東博編訳：『セラピーによるパーソナリティ変化の必要にして十分な条件』（ロジャーズ選集　上），岩崎学術出版社（2001））
3）厚生労働省：子育て支援策等に関する調査研究（2003）
　http://www.mhlw.go.jp/houdou/2003/05/h0502-1a.html
4）馬場禮子・青木紀久代編：『保育に生かす心理臨床』（保育・看護・福祉プリマーズ⑦），ミネルヴァ書房，p. 163（2002）

【参考文献】
・大橋喜美子編著：『事例でわかる保育と心理』，朱鷺書房（2002）
・春日井敏之・伊藤美奈子編：『よくわかる教育相談』（やわらかアカデミズム・〈わかる〉シリーズ），ミネルヴァ書房（2011）
・滝澤武久編：『教育心理学と子どもの指導』，八千代出版（1996）

コラム

保育者・幼稚園教諭の健康管理

　私たちは身体と心の双方のバランスが取れていて，はじめて「健康である」といえる。規則正しい生活と栄養のバランスがとれた食事，十分な睡眠は健康管理の基本である。子どもたちを預かる保育者・幼稚園教諭が風邪をひいていて，子どもにうつしてしまうというようなことは好ましくない。また，それ以上に健康を害していて，元気のない先生は，子どもたちにとって寂しい存在である。子どもたちのもっているエネルギーはすさまじいほどの力であり，一緒にいるとへとへとに疲れることも多いだろう。しかし，子どもたちは明るく元気に一緒に遊んでくれる先生が大好きなのである。そのためにも保育者・幼稚園教諭自身の健康管理は，重要である。

　また，保育者・幼稚園教諭のストレスも見逃せない問題である。新人保育者・幼稚園教諭は，園内の人間関係に慣れるまでは緊張の連続であろう。園長・先輩保育者・同僚との関係，そして保護者や子どもたちとの関係など，すべてが初めてづくしである。一方，ベテラン保育者・幼稚園教諭になると，中間管理職として新人保育者・幼稚園教諭の教育・指導や学年全体の運営，行事の企画・運営，実習生の受け入れなど，仕事も責任も増してくる。

　良い保育・幼児教育を行っていくためには，まずは自分自身がもつ能力と力量を最大限に発揮して，意欲と熱意をもって仕事に望む必要がある。さらには周囲の理解や同僚のサポート，また適切な評価も重要な要因となる。何かあればいつでも相談しあえる職場環境を作っておくことは，安心して保育・教育にたずさわることができる基盤となる。このように信頼関係は，保育者・幼稚園教諭と子どもや保護者との間だけではなく，保育者・幼稚園教諭同士，職場内での関係においても，良い仕事をしていくうえでは欠かせないものである。

　そしてさらに，自分自身を知っておくということも大切である。自分の力量や限界，性格・特徴，物事の考え方・感じ方のくせなどをきちんと把握しておくことは，ストレスの予防にもつながる。

　ストレスを上手に発散して，心身ともに健康で，いつも明るい笑顔で子どもたちに接することができる先生でいたいものである。

第10章 情報化社会における発達と教育

今日，われわれはさまざまなメディアを利用することによって，便利で快適な生活を送ることができている。メディアの発展に恩恵を受けるのは，大人だけではない。情報化社会と呼ばれる現代の子どもたちは，生まれた時からテレビやDVD，パソコン，携帯電話，テレビゲームなど，多くのメディアに囲まれて育つ。そんな生活を送る子どもたちは，実際どんなふうにメディアと接触し，そしてメディアと接触することでどんな影響を受けるのだろうか。本章では，その実態と子どもの発達への影響について論じる。

1. 幼児を取り巻くメディア環境

(1) テレビの視聴状況

子どもが生まれて最初に接触するメディアは，テレビと言ってもいいだろう。幼児期の子どもたちは1日どれくらいテレビを見ているのだろうか，そしてどんな番組が好きなのか。幼児がこれらのメディアにどのように関わっているのか見ていこう。

1) 幼児はどのくらいテレビを見ているか

図10-1は，NHK放送文化研究所が実施した調査の結果である。対象は2歳から6歳までの638名の幼児であり，1週間に平均でどれくらいテレビを見ているかを示している。このグラフを見ると，幼児の平均テレビ視聴時間は1990年代後半より漸減し，2011年では2時間7分，10年前に比べて30分ほど短くなっていることがわかる。こうした傾向は，別の調査結果でも指摘されている[1]。

このように幼児全体では，テレビの視聴時間は減少しているが，子どもの年齢や生活状況によって違いはあるのだろうか。図10-2を見てみよう。これは，4歳未満（低年齢児）の未就園児と保育園児，4歳以上（高年齢児）の幼稚園児と保育園児での比較を行った結果を示したものである。低年齢児では，未就園児のほうが保育園児に比べて視聴時間は長く，未就園児の約2割は1日4時間以上も視聴している。高年齢児では，幼稚園児・保育園児の差はあまりないが，幼稚園児のほうが長い傾向にある。テレビの視聴時間は，家庭で過ごす時間の長さと関係している。つまり，保育時間が長くなり，家庭で過ごす時間が短くなれば，必然的にテレビの視聴時間も短くなるのである。これは，

(時間:分)

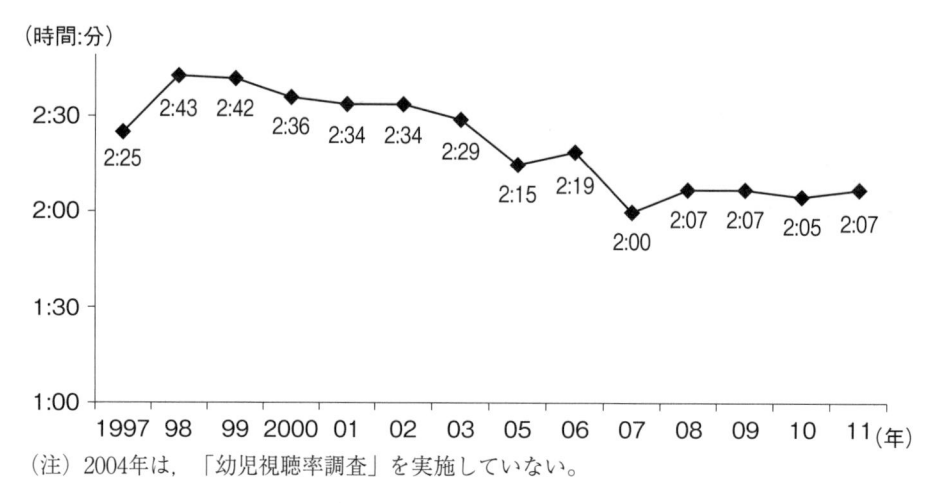

2:25 2:43 2:42 2:36 2:34 2:34 2:29 2:15 2:19 2:00 2:07 2:07 2:05 2:07

1997 98 99 2000 01 02 03 05 06 07 08 09 10 11(年)

（注）2004年は，「幼児視聴率調査」を実施していない。

図10−1　幼児のテレビ視聴時間（週平均）

（塚本恭子「幼児はテレビをどう見ているか―平成23年６月『幼児視聴率調査』から―」放送研究と調査，2011より作成　http://www.nhk.or.jp/bunken/summary/research/report/2011_10/20111003.pdf）

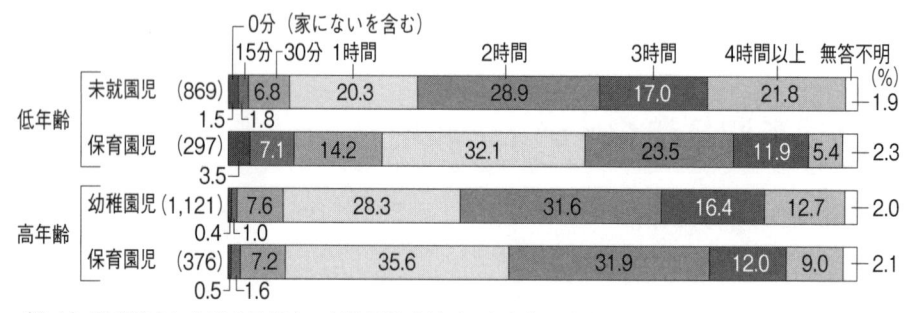

低年齢
　未就園児（869）　1.5┐1.8　6.8　20.3　28.9　17.0　21.8　1.9 (%)
　保育園児（297）　3.5┐　7.1　14.2　32.1　23.5　11.9　5.4　2.3

高年齢
　幼稚園児（1,121）　0.4┐1.0　7.6　28.3　31.6　16.4　12.7　2.0
　保育園児（376）　0.5┐1.6　7.2　35.6　31.9　12.0　9.0　2.1

凡例：0分（家にないを含む）／15分／30分／1時間／2時間／3時間／4時間以上／無答不明

（注１）調査時点における子どもの年齢区分は以下のとおりである。
　　　　低年齢：1歳6か月〜3歳11か月の幼児。　高年齢：4歳0か月〜6歳11か月の幼児。
（注２）「4時間以上」は，「4時間」「5時間」「5時間より多い」の合計。
（注３）（　）内はサンプル数。

図10−2　1日当たりのテレビ平均視聴時間（子どもの年齢・就園状況別）

（Benesse次世代育成研究所「第４回幼児の生活アンケート」，2011
http://www.benesse.co.jp/jisedaiken/research/research_13.html）

　幼児の平均テレビ視聴時間が，年々減少傾向にあることとも関連している。Benesse次世代育成研究所の調査によると，2000年から2010年までの間に，幼稚園児は39分，保育園児は55分，家庭外で過ごす時間が増えていることが明らかになっている。そして，テレビと同じように，ビデオ・DVDなどの視聴時間もまた，低年齢・未就園児で長い傾向にある。

　さらに，母親がどのくらいテレビを視聴するかが，幼児の視聴時間と関連しているという指摘もある。図10−3は，母親のテレビ視聴時間を「短時間群（２時間未満）」「中時間群（２〜３時間）」「長時間群（３時間以上）」に分け，それぞれの家庭の子どもの視聴時間をグラフに表したものである。ここからわかるとおり，母親のテレビの視聴時間

が長いほど，子どもの視聴時間も長くなっている。幼児期においては，母親の生活スタイルが子どもに与える影響は大きい。ところで，NHK放送文化研究所の調査によると，近年，母親の視聴時間も減少していることが明らかになっている。これは，働く母親の増加によるものと考えられる。そしてこのことが上記でも述べた保育の長時間化につながっており，結果的に家庭で過ごす時間やテレビの視聴時間の減少をもたらしているといえよう。

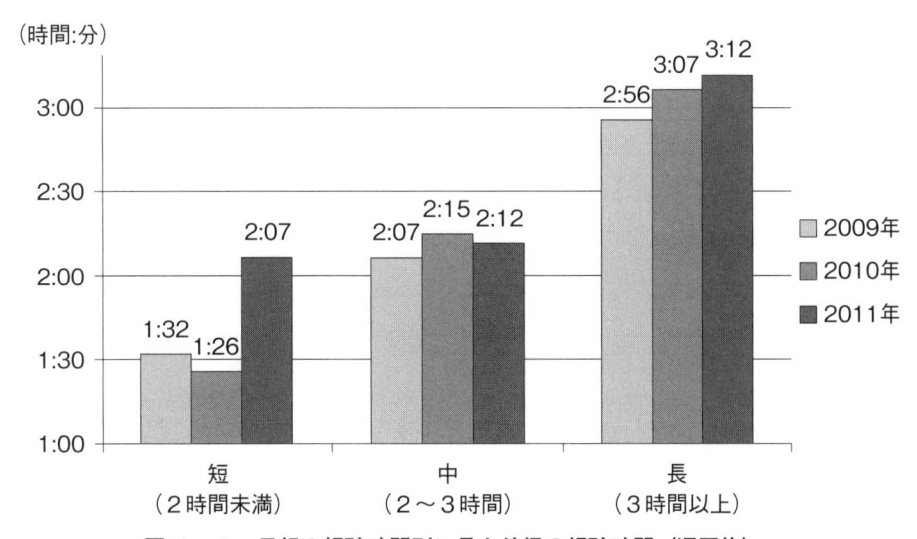

図10-3　母親の視聴時間別に見た幼児の視聴時間（週平均）
（塚本恭子「幼児はテレビをどう見ているか—平成23年6月『幼児視聴率調査』から—」放送研究と調査，2011より作成　http://www.nhk.or.jp/bunken/summary/research/report/2011_10/20111003.pdf）

2）幼児はどんな番組を見ているか

NHK放送文化研究所の調査によると，幼児がテレビをよく見ているのは朝と夕方である。朝・夕は，幼児・子ども向けの番組やアニメ番組などが放送されている時間帯と重なる。ただし，幼稚園児と保育園児とで比較すると，保育園児のほうが朝家を出るのが早いことから，テレビの視聴時間のピークが幼稚園児よりも早い。一方で，幼稚園児の帰宅時間は保育園児よりも早いため，夕方以降の時間帯では，幼稚園児のテレビ視聴時間のほうが早く，保育園児のピークは遅くなる傾向にある。

また，表10-1は，NHK・民放全体で幼児がよく見ている番組の一覧である。年齢別に比較すると，2，3歳ではEテレ（NHK教育テレビ）の番組を，4歳以上では民放の番組をよく見ている。また，兄姉がいる幼児のほうが，兄姉のいない幼児に比べて民放番組をよく見ていることがわかっている[2]。

（2）パソコン・テレビゲーム・携帯型ゲーム機の利用状況

幼児が家庭で接触するメディアは，テレビやビデオのほかにも，パソコンやテレビゲーム等が挙げられる。内閣府の調べによると，一般世帯におけるパソコンの普及率は

表10−1　NHK・民放全体でよく見られている番組（放送時間10分以上）

曜日	放送時刻	局	番組名	視聴率（％）
日	後6：30	フジ	サザエさん	39.4
日	後6：00	フジ	ちびまる子ちゃん	37.0
金	前8：01	Eテレ	＃おかあさんといっしょ	36.9
金	後7：00	朝日	ドラえもん	33.0
火	前8：25	Eテレ	＃いないいないばあっ！	32.8
日	前8：00	朝日	仮面ライダーオーズ	31.1
金	後7：30	朝日	クレヨンしんちゃん	30.3
木	後7：45	Eテレ	＃みいつけた！	29.8
日	前8：30	朝日	スイートプリキュア♪	28.4
土	前8：35	Eテレ	アニメ　おさるのジョージ	27.8

＃は帯番組で最も視聴率が高い曜日の数値
（塚本恭子「幼児はテレビをどう見ているか─平成23年6月『幼児視聴率調査』から─」放送研究と調査，2011
http://www.nhk.or.jp/bunken/summary/research/report/2011_10/20111003.pdf）

年々高まる傾向にあり，2011年3月時点で76.0％となっている[3]。しかしながら，幼児がパソコンを使う頻度はそう高くはなく，パソコンが家にないというケースも含め，7割以上の家庭では，「ぜんぜん使わない・使わせない」状況にある[1]。

　一方，テレビゲームの使用については，図10−4にあるとおり，幼児のいる家庭全般では「家にない」という割合が増加傾向にある一方で，「ほとんど毎日」使用しているという割合は減少しているようだ。ただし，年齢別に分析すると，幼児期前半（3歳児以下）でも2割弱の子どもたちが，幼児期後半（4歳以上）になると約半数がテレビゲームを使っている[1]。さらに，近年では据え置き型のテレビゲームよりも，携帯型のゲーム機の普及が進んでいる。別の調査では，4歳児の13.9％がテレビゲーム，11.5％が携帯型ゲーム機を使用しており，年齢が上がるごとに，5歳児ではテレビゲーム17.4％，携帯型ゲーム機29.8％，6歳児ではテレビゲーム23.3％，携帯型ゲーム機41.4％と，テレビゲームよりも携帯型ゲーム機使用の増加率の伸びが大きいことも指摘されている[4]。また，テレビゲーム・携帯型ゲーム機ともに，「ひとりっ子」では所有している割合が低く，「上に兄姉がいる子ども」では高い傾向にある。つまり，先述したように，どういったテレビ番組を視聴しているかという結果とも合わせ，年長のきょうだいの有無が子どもの生活スタイルに大きな影響を与えているようである。また，保育園児より幼稚園児でゲームの使用率が高いことから[1,4]，平日家庭で過ごす時間とも関連していると推察される。

　さらに，きょうだいがいるかどうかで，これらのゲーム機をだれと一緒に使っているか，つまり，遊ぶ相手も異なる。きょうだいがいる場合には，相手はきょうだいである割合が一番高いのに対して，ひとりっ子の場合は，一人で遊ぶか母親が相手になる割合

が高く，休日には父親と遊ぶ子どもが多い[4]。現在，幼児をもつ親の世代（30歳代～）は，すでに子ども時代よりテレビゲームに慣れ親しんでいる。子どもがゲームをするかどうかは，親自身がゲームをするかどうかにも影響を受けているのだろう。

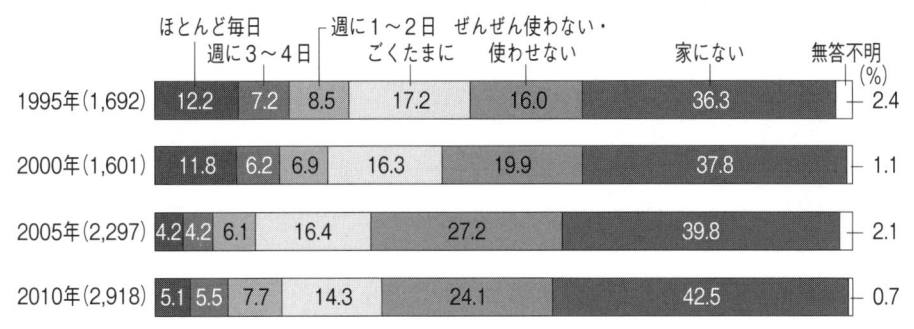

	ほとんど毎日	週に3～4日	週に1～2日	ごくたまに	ぜんぜん使わない・使わせない	家にない	無答不明 (%)
1995年(1,692)	12.2	7.2	8.5	17.2	16.0	36.3	2.4
2000年(1,601)	11.8	6.2	6.9	16.3	19.9	37.8	1.1
2005年(2,297)	4.2	4.2	6.1	16.4	27.2	39.8	2.1
2010年(2,918)	5.1	5.5	7.7	14.3	24.1	42.5	0.7

（注）「ぜんぜん使わない・使わせない」は，1995年，2000年調査では「ぜんぜんさわらない・使わない」「使わせない」を，2005年調査では「ぜんぜんさわらない・使わない」「使わせない・見せない」を合計した数値となっている。（　）内はサンプル数。

図10-4　テレビゲームを使う頻度（経年比較）
（Benesse次世代育成研究所「第4回幼児の生活アンケート」，2011
http://www.benesse.co.jp/jisedaiken/research/research_13.html）

2. メディアとの関わりが子どもの発達に与える影響

(1) テレビ視聴と子どもの発達

　テレビが一般家庭に普及し始めてから，半世紀以上経つ。それから今日までの間に，テレビ視聴が子どもの発達に与える影響については多くの研究がなされてきた。

　例えば，幼児期の子どもは，空想の世界を楽しみ，テレビアニメのヒーローやヒロインに扮したごっこ遊びなどを盛んに行う。同一のアニメ番組を視聴することにより，子どもたち同士でそうしたヒーローやヒロインのイメージが共有されやすくなり，遊びが発展するという点では，子どもの想像性に肯定的な影響を及ぼすといえるだろう[5]。しかしながら，テレビ視聴を通じた視覚的なイメージが鮮やかであるほど，かえって子どもの自由な発想を制限してしまうといった否定的な影響もあるようだ[6]。

　また，言語の発達に関しては，米国の「セサミ・ストリート」などの幼児向け教育番組の視聴が子どもの認知能力（語彙，読み，計算能力，問題解決能力等）の発達を促す一方で，娯楽番組や一般向け番組視聴が認知能力の発達を抑制することが指摘されている[6]。

　そして，テレビ視聴と子どもの発達との関連において，もっとも危惧されるのが，攻撃性についてである。暴力的な内容の番組を視聴することにより，実際の攻撃行動が増加するといった指摘は多く，また，特に幼児期ではその影響が強いといわれている[5,6]。

(2) パソコン・テレビゲームと子どもの発達

　前述したとおり，幼児期におけるパソコンへの接触は，テレビほど多くないため，発達への影響は十分に検証されていない。しかしながら，近年，従来のようなマウスやキーボード操作型のパソコンとは別に，タッチパネルディスプレイのパソコンやタブレット型の端末が普及しつつあることなどから，今後，幼児期の子どもがこうしたメディアに接触する頻度は増えると予想される。同時に，低年齢の子どもたち向けの教材開発なども進むだろうし，それらが，子どもの認知能力を促進するなど，子どもの発達に肯定的な影響をもたらすことも考えられる。

　また，テレビゲームについても，現在，教材ソフトの類が市場に多く出回っている。携帯型のゲーム機の場合，サイズが小さく，タッチペンを使って操作できることなどから，低年齢の子どもでも扱いやすい。このような特長を活かすことにより，幼児が文字の正しい書き順を習得したりするのには適しているかもしれない。しかし，そうした教育的利用に効果が期待できる一方で，暴力的な内容のものなどについては，テレビと同様，子どもの攻撃性を高めるといった報告もあるので[6]，接触には十分な配慮が必要である。

3. メディアとの関わりにおける親の役割

　1997年12月，当時人気のあったテレビ番組「ポケットモンスター」を見ていた子どもたち約700人が「光過敏性発作」と呼ばれる症状を起こし，病院に運ばれるという出来事があった。原因は，番組の中で用いられたある映像効果（激しい閃光の点滅）であると考えられている。こうした技法は視聴者の注意を引くために用いられるが，それが子どもの身体に悪影響を及ぼした典型的な事例である。

　子どもたちはテレビが大好きである。テレビをつけているとおとなしく見ていてくれるので，つい子守代わりにしてしまう親も少なくないだろう。日本小児保健協会の調査では，忙しいなどの理由でビデオ，テレビを見せる親は，「よく見せている」，「時々そうしている」を合わせ，全体の8割を超えているという結果が得られている[7]。テレビ視聴を含め，子どもたちがメディアに接触するうえで，いったい親たちはどんなことに気をつければいいのだろうか。

　2004年4月，日本小児科学会から「乳幼児のテレビ・ビデオ長時間視聴は危険です」と題した注意喚起がなされた[8]。テレビの長時間視聴は，子どもの言語発達や社会性の遅れをもたらすという研究結果を引用しながら，テレビやビデオの視聴に関する具体的な提言を行っている（表10-2）。

　例えば，ビデオのように巻き戻しによって何度も同じ内容を視聴できるメディアは，乳幼児期から長時間視聴することにつながり，このことが子どもの発達に悪影響をもたらすといった指摘がある[9]。Benesse次世代育成研究所の調査によると，2歳児でも約

表10−2　日本小児科学会より提言された乳幼児のテレビ・ビデオ視聴に関する注意喚起

提　　言
1．2歳以下の子どもには，テレビ・ビデオを長時間見せないようにしましょう。 　　内容や見方によらず，長時間視聴児は言語発達が遅れる危険性が高まります。 2．テレビはつけっぱなしにせず，見たら消しましょう。 3．乳幼児にテレビ・ビデオを一人で見せないようにしましょう。 　　見せるときは親も一緒に歌ったり，子どもの問いかけに応えることが大切です。 4．授乳中や食事中はテレビをつけないようにしましょう。 5．乳幼児にもテレビの適切な使い方を身に付けさせましょう。 　　見終わったら消すこと，ビデオは続けて反復視聴しないこと。 6．子ども部屋にはテレビ・ビデオを置かないようにしましょう。

（日本小児科学会　http://www.jpeds.or.jp/saisin-j.html）

4割の子どもたちがテレビを，そして約2割がビデオやDVDを一人で操作できる（図10−5）。こうした子どもたちは，おそらく操作の仕方を親から教わったというより，これらのメディアと日常的に頻繁に接触する中で，自然に身に付けていったのではないだろうか。つまり，これらのメディアを頻繁に視聴している可能性が高い。したがって，長時間メディアに接触しないようにするためには，リモコンを手の届かないところに保管するなど，子どもたちが勝手に操作できないように工夫するなどの配慮が必要だろう。

また，日本小児科学会は，幼児一人でメディアを視聴させないようにとも注意している[8]。乳幼児期の言語能力は，親や周囲の大人との双方向のやり取りの中で獲得されていくものである。したがって，テレビを見るときにも，ただ見せっぱなしにするのではなく，一緒に共感したり，歌ったり，内容について話したりするとよい。つまり，テレビを介して，親子でコミュニケーションしながら視聴することが大切である。

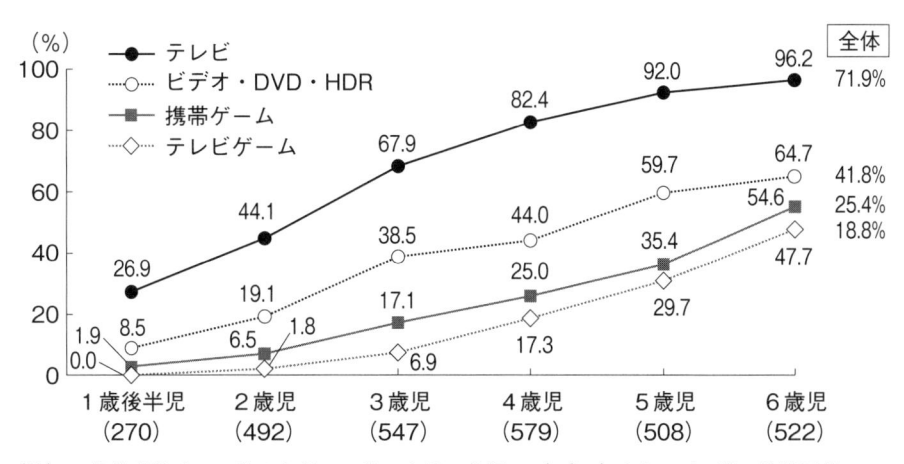

図10−5　メディアを一人で操作できる比率（子どもの年齢別）

（Benesse次世代育成研究所「第4回幼児の生活アンケート」，2011
http://www.benesse.co.jp/jisedaiken/research/research_13.html）

また，テレビに限らず，テレビゲームやパソコンについても，長時間にわたる接触はさせない，幼児が勝手に使用できるような環境を設定しないことなどが重要だろう。

4. 保育現場におけるメディアの利用

(1) 保育の中のメディア利用

　子どもがパソコン等のメディア機器に触れるのは家庭の中だけではない。保育現場でも，保育にお絵かきソフトや電子絵本を導入したりするなど，教材として，あるいは遊具としてパソコンを利用しているところもある。ただし，そうした実践例はまだ数が少ない。全国の幼稚園1,604園，保育所3,018園に対して行った大規模調査の結果では，パソコンを保育に活用していると答えた園は，私立幼稚園で7.3％，公立幼稚園で2.7％，私立保育所で2.4％，公立保育所で0.4％にとどまっており，ごく一部に限られている[10]。保育でのパソコン利用を考えている保育者は，子どもたちの能力向上や情報社会への適応，保育の広がりといったことに期待を寄せる一方，保育に悪影響を及ぼすのではないかといった不安も抱いている[11]。したがって今後は，保育における効果的なメディア機器の活用法や，それらが子どもたちの発達に及ぼす影響について検証を重ねていく必要があるだろう。

　このように，通常保育の中ではメディア機器の導入はあまり進んでいないが，通常の保育時間外にあたる預かり保育などでは，少し状況が異なるようである。図10－6は，預かり保育を実施している幼稚園の活動内容をまとめたものである。この図からわかるとおり，通常保育同様，パソコンの使用はほとんど見られない。しかしながら，ビデオやDVD鑑賞については，約半数の園が活動として取り入れている。保育現場からは，「預かり保育は，できるだけ家庭の雰囲気で」といった声がしばしば聞かれるが，ビデオやDVD鑑賞を活動の一つに取り入れるのは，そうしたねらいがあってのことと考えられる。先ほど第1節において，近年，子どもたちが家庭で過ごす時間が減少するとともに，テレビの視聴時間も減少傾向にあると述べたが，図10－6のような現状を踏まえると，実際には，保育時間が長くなった分，その中でビデオやDVDを視聴する機会が増えているといえそうだ。そうすると，一日を通した子どものメディア視聴の総時間は必ずしも減少しているとはいえない可能性がある。預かり保育ではどういった活動を取り入れるべきか，現状ではまだまだ手探りの状態である園がほとんどである。したがって，通常の保育時間外においても，子どもたちがどのようにメディアと接触するのが適切であるかということも含め，慎重に考えていかなければならない。

図10-6　幼稚園における預かり保育の活動内容（国公立・私立比較）

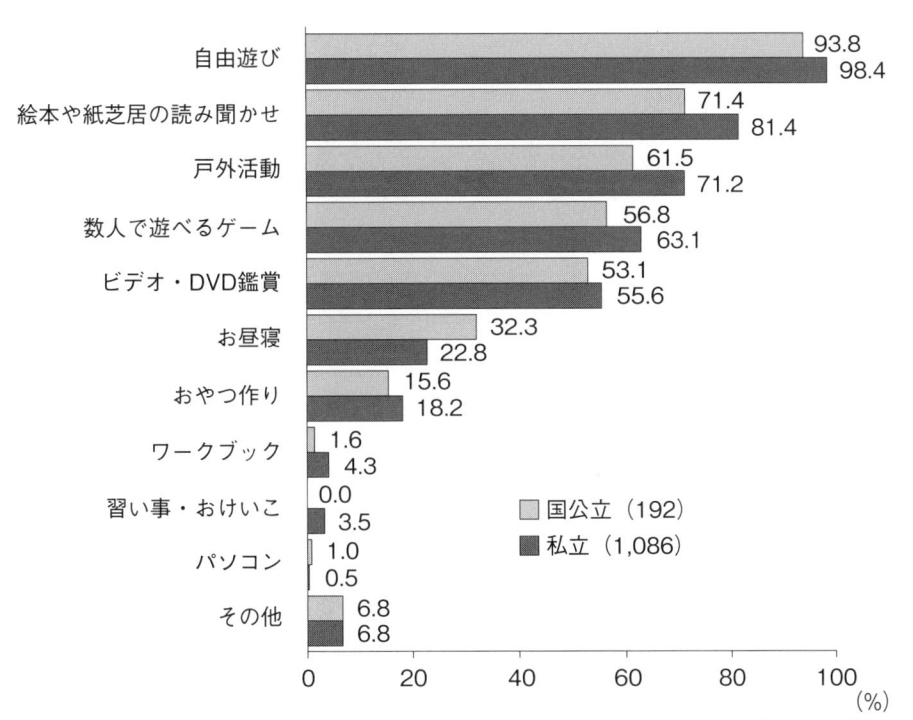

活動内容	国公立（192）	私立（1,086）
自由遊び	93.8	98.4
絵本や紙芝居の読み聞かせ	71.4	81.4
戸外活動	61.5	71.2
数人で遊べるゲーム	56.8	63.1
ビデオ・DVD鑑賞	53.1	55.6
お昼寝	32.3	22.8
おやつ作り	15.6	18.2
ワークブック	1.6	4.3
習い事・おけいこ	0.0	3.5
パソコン	1.0	0.5
その他	6.8	6.8

（注）預かり保育を実施していると回答した園のみを対象。（　）内は調査サンプル数。複数回答。

（Benesse次世代育成研究所「第1回幼児教育・保育についての基本調査 報告書」，2009
http://www.benesse.co.jp/jisedaiken/research/research_07.html#link3）

（2）子育て支援としてのメディア利用

　一方で，パソコン等のメディア機器は，保育の中で直接子どもたちに触れさせるといった活用の仕方だけでなく，保護者と保育者の連携を促進するツールとして利用することも可能である。

　近年では，幼稚園，保育所の建物や園庭を開放したり，子育て相談を実施したりするだけでなく，インターネットなどのITツールを利用した支援プログラムの開発が進んでいる。例えば，幼稚園，保育所においてモバイル対応のデジタル連絡帳の運用などが挙げられる。これは，保護者と保育者間のコミュニケーションを活発にするために，連絡帳の作成業務をデジタル化し，従来の紙ベースでの連絡帳のほかに，携帯電話にメールにて送信するといった試みである[12]。また，幼稚園の保育者から保護者へ，園児の園生活の様子を中心とした情報を効率的に配信するために，インターネットを活用した"おたより配信システム"の開発・試行なども進んでいる[13]。さらに，幼稚園教諭，小児科医，発達心理の専門家等が実際の子どもたちの様子を記録した動画を作成し，地域の未就園児をもつ保護者に向けてインターネットを介して配信することで，子どもの発達について理解を深めてもらうという試みなどもある[14]。このように，園と保護者をつなぐツールとして，携帯電話やインターネットを効率的に利用することで，両者の連携がより円滑に行われることが期待される。

> **第10章　学びのポイント**
> 　現代の子どもたちは，生まれながらにして，多くのメディアに囲まれて育つ。これらは，われわれの生活を豊かで便利にするとともに，子どもたちの発達にもさまざまな影響を及ぼすと考えられている。

【引用文献】

1）Benesse次世代育成研究所：「第4回幼児の生活アンケート」（2010）
2）塚本恭子：「幼児はテレビをどう見ているか―平成23年6月『幼児視聴率調査』から―」放送研究と調査（2011）
3）内閣府：「消費動向調査」（2011）
4）荒牧美佐子・松嵜洋子・横尾澄子：「家庭における乳幼児の遊びに関する調査研究（2）―テレビゲーム・携帯型ゲーム機の使用の実態―」日本保育学会第62回大会，千葉大学，p. 742（2009）
5）駒谷真美：「幼児の発達にテレビはどのような影響を及ぼすのか」，無藤隆・佐久間路子編著：『発達心理学』，学文社，pp. 56～57（2008）
6）向田久美子：「メディアと乳幼児」，坂本章編：『メディアと人間の発達』，学文社，pp. 2～22（2003）
7）日本小児保健協会：「平成12年度幼児健康度調査」（2001）
8）日本小児科学会：「乳幼児のテレビ・ビデオ長時間視聴は危険です」（2004）
http://www.jpeds.or.jp/saisin-j.html
9）土谷みち子：「子どもとメディア―乳幼児早期からのテレビ・ビデオ接触の問題点と臨床的保育活動の有効性」，国立女性教育会館研究紀要5，pp. 35～46（2001）
10）Benesse次世代育成研究所：「第1回　幼児教育・保育についての基本調査報告書」（2009）
11）森田健宏：「保育所におけるパソコン利用に対する保育士の抱く問題点の検討」，日本教育工学会雑誌26（2），pp. 87～94（2002）
12）岡田（高岸）由香・岸本佳子・小島昭子・村本智子・奥山登美子・五十里美和・山口悦司・葛岡美樹・船越俊介・野上智行：「インターネットによる子育て支援プログラム作成の試み」，神戸大学発達科学部研究紀要10（1），pp. 93～103（2002）
13）笹田慶二郎・新谷公朗・井上明・金田重郎：「子育て支援を重視したモバイル対応「デジタル連絡帳」の提案―「e子育てNETシステム」のプロトタイプ開発―」，同志社政策科学研究6，pp. 123～138（2004）
14）堀川三好・岡本東・菅原光政：「幼稚園を対象としたおたより配信システムの構築とその効果」，情報文化学会誌16（1），pp. 79～85（2009）

コラム

情報機器の使用

「あ，でんわだねえ。しゃしん，とろうか？」

　筆者には2歳になる甥っ子が一人いる。ある日，小さな身体で大人用のスリッパに果敢に挑む彼の姿が愛らしくて，思わずカメラ機能付きのスマートフォンを取り出した。これは，そんな私に気づいて，甥っ子が発したセリフである。今どき，ケータイで写真を撮るなど珍しくもないことだが，考えてみれば，こんなことが当たり前になったのもここ10年くらいのことである。少なくとも私が2歳児だったとき，まだ携帯電話もデジタルカメラも一般家庭には存在していなかった。それなのに若干2歳の甥っ子ときたら，この小さな端末を使えば，離れたところにいる祖父母と話をすることができ，自分や家族の姿を静止画や動画として記録し，大好きな新幹線を（インターネットで検索すれば）観賞できることをすでに知っている。

　もちろん，どういったカラクリでそんなことが可能になるのか，彼は知らない。しかし，残念ながら，大人である私も十分にわかっていない。それでも，私たちを取り巻く情報機器は，大変な速さで進歩を遂げ，世の中はますます便利になっていく。そして，私よりもこの甥っ子のほうが，こうした変化に敏感に反応し，順応していくのが早いのだろうと思う。なぜなら，少なくとも私は，スマートフォンがないことが当たり前の幼少期を過ごしてきたからだ。

　しかし，メディアの飛躍的な進歩が子どもたちの発達にどういった影響を及ぼすのかについては，まだわかっていない部分もたくさんある。実証研究は，常に技術進歩の後追い状態だ。それでも，大人たちは，これらが子どもたちに及ぼす影響を見極め，どのように触れされていくべきかを判断しなければならない。例えば，携帯電話は何歳から子どもに持たせるべきなのか（あるいは，持たせてもいいのか）。世の中が便利になればなるほど，大人の知らないところで子どもたちがつながる世界は広がり，そして同時に，思いもよらない問題に発展してしまう可能性も増えていく。犯罪と自覚せずに，違法な行為に手を染めてしまう危険性が常に付きまとう。

　では，子どもたちが，加害者にも被害者にもならないようにするためにどうしたらいいのか。携帯電話やパソコン，その他，いろいろな情報機器の使用をただ制限するだけでは追いつかない。親や保育者，教育者たちは，自分たちがこれらを適切に操るスキルを身に付けるだけでなく，最新の情報リテラシーについて学び，それらを子どもたちに伝えていかなければならないだろう。しかし，それは相当難しい課題であると言わざるを得ない。

第11章 幼児教育のあり方と今後の展望

　本章は，前章までのような理論や研究結果などの内容とは異なり，現在幼児教育現場で活動していると同時に，幼児教育者・保育者養成に関わっている者による対談という形式で幼児教育のあり方と今後の展望を述べたものである。対談は，本書の編著者である育英短期大学の小池と，同じく育英短期大学の教授であり富士見幼稚園（群馬県）の理事長・園長である柳によるものである。これまでの教科書にはない新たな試みとして提案したものであり，現在の幼児教育の現場，幼児教育者・保育者養成の現場での体験談などを踏まえながら対談し，まとめたものである。

小池　これから，『幼児教育のあり方と今後の展望』ということで，柳先生と対談を始めます。教科書には，教育・保育理論や内容については，しっかりと書かれていますが，教育者の側からの提言や学生への示唆などがあまりないと思われますので，ここでは現在幼稚園の園長でもあり，養成校の先生でもある柳先生に提言や示唆も含めて，これからの幼児教育・保育についてお話しいただきたいと思います。

1. 子どもの教育・保育に関わるということ

柳　保育という営みに関わっていく人たちの基盤を確認したいですね。最低限，保育現場においてゼロからのスタート（まずは専門職としてデビューできるだけの資格と資質を手に入れること）が切れるようにしたいものです。マイナスからの出発（免許や資格を持っているだけで，心構えやそれをふさわしいものにしていこうという意欲がない）にならないようにという意識こそ，大切なことです。

　幼児教育や保育を，子どもを中心にして広い視点やさまざまな角度から語れる人材が求められている時代です。こうした営み自体，展望となるでしょう。『幼児教育のあり方と今後の展望』というテーマは大きすぎますが，10年，20年前と違って（制度的なものや経済の動きも含めて）1年の動きが相当大きいので，かつて考えられなかったことが数々でています。それで2008年の幼稚園教育要領（以下，教育要領）の改訂においても，「預かり保育」という言葉こそ使ってはいないものの，教育課

程外の行為にまで，私たちの保育ということが，責任性をもった関わりとしてでてくるようになりました。これまでの象徴的な施設主義が完全に遠のいてしまったというのが昨今の現状です。専門性というのも明文化して，公表していく「実践に質が求められる時代」ですので，逆に，施設面は安全であって当たり前で，中身で勝負するという，厳しい世界になっていると思います。しかし，施設にも最先端のあり方，幼児の発達を考えた遊具や施設の存在価値は十分盛り込まれてきます。つまり，幼児に保障していく安全とか，幼児期にふさわしい生活，そのための豊かな遊び場としての環境です。あとは地域での役割，あそこへ行けば地域の親子で集えるとか，子育ての相談に乗ってくれるという，センター的なもの，そういうことが定着した気がします。

小池　幼稚園の先生と保育所の先生（保育士）になるのは，何が違うのでしょうか。

柳　幼児教育と保育の境目が論点になっていますね。養成校を卒業するときまでは，子どもに関わる職に就けるという高い期待や同じ志でいても，管轄省庁や制度，幼稚園と保育所が，それぞれに長い文化を築いてきた違いがあります。たぶんそういう文化的な違いには未だに根強いものがあると思います。こども園の制度が思うように実現化しないのも，そこに法律よりも根強い背景があることも否定できません。そのために，近頃では行政が取り持つ中で幼保合同での職員研修も行われ，お互いの実践の差を知り，子どもを見守り指導していく共通項を確認しあっているのが実態です。「保育所保育指針」が，今までのガイドライン的なものから大綱化されて告示になりました。大綱化というのは，要するに，大まかではあるけれど，あとは現場で創意工夫のもと実践しましょうということですね。これは「少なくとも最低基準は守ろうね」ではないと思います。幼稚園でもそうですが，設置基準を踏まえて，質を上げていこう，保育の質を考えようということです。質の向上を常に目指しているのに，待機児童を減らすための施設ありき主義に陥ると，実は入りきれないという現実への初期対応ばかりになってしまいます。だから社会のニーズと，子どもの本質に関わる保育や教育的なニーズのズレで現場が戸惑っているということはあると思いますね。

　制度に頼るのか，実践を優先するのか。子どもは親や家庭が育てるべきなのか，それとも社会で育てようとしているのか。こうしたあいまいさが現場を揺るがせる要因です。保育者の葛藤もありますしね。ねらいが見えにくいという…。

　保育現場では，毎年，教育課程研究集会という，全国的にテーマを設定して，現場人が県ごとのレベルで考えていこうという各園の代表が一堂に会す協議会があります。そこで，大まかな課題が提示されて，各園の計画に基づいた，温度差も加味しての，保育内容の実践を持ち寄る「会」が，歴史的に長い間行われているんですね。最近は保育所側も参加するようになってきました。やはり大綱化されたものを具体化し，その実践を協議しようというのが趣旨ですから，保育所の文化としても取り込めるといいですね。

　　　　ここで共通しているのが，扱う幼児年齢が3歳，4歳，5歳という部分ですね。特に小学校入学前の5歳児というのが，質を評価するうえでも重要視されています。言わば完成された幼児期の姿です。0・1・2歳の保育を経ての3・4・5歳児もいれば，それまで在宅で過ごしてきて4・5歳児の保育を経て就学する子もいます。一人ひとりの発達の特性と簡単にいえない現場の難しさをわかってもらいたいですが，なかなか社会の通念でそれだけの機会とゆとり時間がないのも現状です。

小池　幼稚園が保育所と大きく違うのは，教育の場かどうかだと思われますが…。ある程度カリキュラムを考えながら，子どもへの指導や技能修得を行っている点ですね。

柳　それは保育時間の生活にかける部分と教育にかける部分の長さの按分に表れていますね。預り保育が定着しだすと，いつの間にか幼稚園の4時間が午前保育と呼ばれていたりします。保育所の保育，幼稚園の保育では，子どもから出発するという基本は同じなのだけれども，まだ，絶対的な生活時間のとらえ方が異なります。現実には幼稚園だって，10時間組がいます。朝8時から夕方6時まで。これが夏休みのお盆休み以外ほとんど通年ですから…。だから要するに，保育所への入所要件をもった子が，今，幼稚園児としての3～6歳を過ごしているわけです。

　　　　幼稚園は相変わらず4時間を標準とする…。しかし，実際には4時間以上が主流ですし，子どもが放課後に地域で過ごす時間が少なくなっている以上，幼稚園であっても午後の保育の必要性があるわけです。だから私は，その部分を切り離すというよりも，逆にその4時間を，全園児が集まってその園のもっている機能を100％発揮した集団として活動している，「子どもたちどうしの育ち合いが保障されている」4時間ととらえています。

　　　　保育所は時間の長短ではなくて，最後に来た子と最初に帰る子の間が，全員がそろって集団としてのその機能を果たしているという場所なのです。午前の保育，午後の保育であって，教育か生活かでの切り離しはないでしょう。

小池　教育現場というのは，教育時間と生活時間を分けて考えます。小学校では，学校に登校してから下校するまでの時間が教育時間で，集団活動の時間として教科教育を行っています。その前段階になる幼稚園や保育所でもそのようなシステムを，子どもの教育として理解しておく必要があります。

柳　小学校は教科教育において，年少児童の持続性を考慮してというねらいから，最近では15分×3＝45分の教授法を耳にしたことがあります。でも時間を短くし，断片的にすればいいってものではありません。未だに形式主義的になってしまう教師側の選択肢である気がします。新しいようで型にはまった方法の中で右往左往していることも確かですね。

　　　　私は時間とかそういうことではなくて，各園が「個と集団」や子どもたち主体の活動内容のあり方，さらに持続性ということの考え方をどう保育に盛り込んでいるかということが，小学校という異学種に進んでいくうえで，一つの尺度になるのではないかと思います。15分を1つの単元にして3倍にすればいいということではな

いんですよ。幼稚園は90分間，熱中してもの作りや，グループ活動に費やして平気ですからね。これを逆に，15分なんかに切られてはかなわないっていう思いがありますから…。

やはり，異学種間の共通理解は難しいと思います。保幼小連携など言葉ばかり先行していても，お互いに実践の場面を見合う時間も十分ではないし，小学校と幼稚園を行ったり来たりする先生というのは，全国的にもまれですから，質を語りたいのに量も不十分である現状です。それでいて「生きる力」の育成は同じです。要は発達に伴う活動内容や教授法の相互理解がしにくいのでしょうね。

ましてや幼稚園の先生の多くは，短期大学，専門学校を出て，2種と保育士の免許状できている。1種免で四大を出て，あるいは大学院まで出て現場にきている人というのは一部だと思いますし，これからどうなるのか，幼保一体化の免許を想定する中でちょっとキツイかなっていうイメージは湧きますね。

小池 教育は幼稚園だけで完結するのではなく，その後も連綿と続くのだから，小学校との連携を考える必要があります。発達心理学の立場から見て，文字や数字に対する対応などがそこにあてはまるかもしれない。幼児後期に興味がでてきて，読み書きをしたいと思うようになります。ところが，小学校では読み書きを興味としてではなく修得すべき技能として教えるから，子どもたちの態度に違いが見られるわけですね。ここらの連携を真剣に考えるべきかもしれません。幼小だけでなく，小中，中高も同じかもしれませんね。

柳 実践と理論の調和，そこに保育者の人生観が加わり専門性となるわけですから，まずは多様すぎる職種間の相互理解にかける時間がどう保障できるかですね。

2. 教育・保育における連続性

柳 幼児教育や保育という営みは，まず一つは生活の連続性，それと学びの連続性です。この2つは保育者がしっかり意識していかないと，「つながる力」というのは育たないだろうと思います。特に生活の連続性というのは，対家庭，対地域社会ですから，もう子どもの過ごし方そのものです。ここですでに偏りがでているということです。学びの連続性では，保育者もしくは教員がお互いに意識して，そこにつながりを見いだすこと，意図的で生産的な営みが感じられなくてはいけないですね。

小池 教育者は人間を作る生産者だと思います。たしかに人間は「親はなくとも子は育つ」と言われるように放っておいても育ちます。それは身体的なものであって，精神的なものや社会的なものは，やはり教わらないと身に付かない。そういう社会的な人間を作るのが教育者だと思います。

教育者を生産者として考えると，子どもたちへの対応や手のかけ方が見えてくると思います。例えば，植物を育てるときに，水をやり過ぎてもダメ，やらなくても

ダメ、「適度」な量の水をあげるのが一番なのですから、人に対しても同じなわけでしょう。この部分のことがわかっていないと、教育者としてはダメだと思いますから、この部分を学ぶ必要があると思います。

　自分の通ってきた道、経験を思い出してみることが大切だと思います。自分だけでなく友だちや周りにいた人たち、いろいろな人を見てきて、今の自分がある。今、目の前にいる子どもたちも同じようなことを経験しながら大きくなっていくわけだから、自分とは違う人間であって当然なわけです。

　人間の特徴として、「今現在の自分の立場でしかものを考えなくなってくる」ということがあります。過去の自分を忘れてしまうことと同時に、後悔の念があり、それが、子どもたちに投げかけられてしまい、言わなくてもいいことやしなくていいことまでしてしまう。このあたりのことは、教育者だけでなく親に対しても言えることですが…。

柳　「学びを奪っている大人の責任」に気づかなくてはいけないと思うんです。なかなか自分の学んできた足跡を思い出せないのは、学びのほとんどが、私たち教師とか保育者が意図したものではなくて、潜在的なものなのだと思います。

　例えば、地域のお祭りに親子で出かければ、だれと行ったのかは、はっきり覚えています。屋台のおやじさんが、おまけをしてくれたこととか…。こうした学びは、行為自体をこちらが設定してないけれども、子どもの実体験に基づく中での、その後の人生を左右しているポイントでしょう。これと学業とのうまい接触点で教育的効果が生まれるようです。これらの相乗効果だと思います。いわば顕在カリキュラムと潜在カリキュラムのバランスですね。

　ホントは上の学種にいけばいくほど専門的でなくてはいけないにもかかわらず、お膳立てがないと、学ぼうとする学生になっていかない。意図が強すぎて、主体性が見えないのでは困ります。大学が専門的かつ一番高度な、社会に出るための学びの場であるはずなのに、その前に、もっとやっておかなければならないことが山ほどあって、それを急かしながら、満たせなかった家庭や社会の流れ（ツケ）というのがあるようですね。

小池　誕生してから幼児期が終わり児童期に入るまで6年間あり、その中でたくさんの能力が発達してきて、一個の人間として生活できるようになっていくわけですが、最近「早く発達して」と、急かしているような風潮があるように思われてならないのですが…。「早く、効率よく」というものは、確かに良いことであるかもしれませんが、こと発達に関していうと、あまりよろしくないと思われることが多い気がします。スローライフが見直されてきていることと関連して考えたほうがいいのかもしれませんね。

柳　親がさせてしまった、昭和時代でいうなら「こまっしゃくれた子」ですね（笑）。

3. 社会と親子関係

小池 子どもだけでなく，親のほうにも変化があって，親子の関係というか親子の態度というものが変わってきて，子どもたちに影響を与えているように思われます。特に，「友だち的な」親子関係です。一概に悪いとは言えませんけれども（笑）。「友だち」というのは「横」のというか「対等」の人間関係だと思うのです。ところが，「親子」というのは「縦」の人間関係，言葉は悪いかもしれないが「対等ではない，上下」の人間関係だと思います。「縦（非対等で上下）」の人間関係を教えていくのは親だと思います。子どもにとってはいつまでたっても「親」を追い抜くことはできないし，「親」にとってはいつまでたっても「子ども」でしかない。縦である親子関係から次第に，横である友人関係を身に付けていくのが発達であると言ってもいいと思います。さらに青年期になってあるいは青年期が終わる頃になって，自分の考え方がある程度もてるようになってくることで，親と対等の見方ができ，同じ目線で物事を考えていけるようになると思うのです。

柳 そうですね。親の立ち位置というか…。実際には立場を利用して子どもにわからせようっていう現実を多く目にしますね…。しかし，やはりそうはいかない。

とにかく，頭ごなしに言われたりしても子どもにはピンとこない。中学生ぐらいまでは「だれに食わせてもらっているんだ！」というイメージですけど，子どもにしてみれば，プイっと出て行っても，友だちの家に行けば1日や2日はどうにか生活はつなげるわけですから，またそこで親の権威が揺らいでくる。だから親が，高い位置からの「威厳」をもってそれができない分，子どもへの対応を模索している時代になっているのだと思います。まず大切な対話をしていないですね。そこまでいかない現実があるわけです。

小池 親が教えるべき生活の連続性というものも，この人間関係あたりと大きく関わってくると思います。親子関係は縦の関係であるわけだから，親としての威厳をもって教えるべきだと考えます。小学生の頃までは，ある程度素直に聞いているけど，中学生になると，そうはいかなくなる。当然なことだと思います。自分なりの考え方や見方を次第につけていきたいと思っている年齢なのだし，それを主張することを覚えてくる時代でもあるわけですから。そして本気でぶつかり合う気持ちがあるのか，という点になってくると思います。このあたりから非対等か対等かという問題につながってくると思います。

非対等であるということは，上に立つ者が責任をもつということです。例えば，親として子どもを育てる責任がある。これは当然です。だからこそ，強制したり禁止したりすることができます。子どもに対する責任があるから。ところが横の関係だと，互いに責任はあまり感じる必要がない。「産んだから育てる」のではなく，「どのように育てたいのか」「どのように育ってほしいのか」など親としての責任を

もって考えると，幼児期から児童期までの子どもに対しては，「縦の親子関係」が必要だと思います。子育ても教育も同じで，2年，3年のスパンではなく，5年，10年のスパンでものを考えていかなくてはならないでしょう。

4. 時間と遊び

柳 今，中学生の職業体験が，キャリアスタートウイークとして1週間行われるようになっています。以前の1日限りでは得られなかった，いい実践成果がでて，どんどん広まっています。だいたい1週間やると「行きたくないな」という日も経験したり，自分が思い描く中で，やはり嫌な部分と，自分が克服していく部分と，「あ，やっぱりこうなんだ」と気づく部分を体験できるわけです。これは，キャンプ生活でも，1泊2日よりも3泊4日のほうが成果も大きいというのと同じでしょう。ギャップに向き合い，そこで自分にどう対処するかの機会です。

　そんなシステムであっても，ある意味，ベルトコンベアー上の課題克服という狭い学習経験になる危険性も含んでいます。余談ですが，卒園児として，当時の思いをまた何年後かに一度回想する職場体験があって，それで次は高校でのボランティア等を経て，その気になれば，短大に入って実習すれば，もう卒園してから14年後には，憧れてきた園での先生なわけです。この先こそ，それまでのベルトコンベアー式には進まないわけです。

　ところで，先ほども言った，家族間で対話が少ないというのは，今，幼児の過ごし方において，気になることの一つですね。特に言葉での表現においてです。親子の言葉をチェックしていると，幼児時代では簡略化が進んでいて，「おかあさん，アレ」って言うと，もうその子の好みのジュースが出てくるし，「いやこれじゃなくて，あっち」って言うと牛乳が出てくる。まるで自販ロボットみたいです。

　本当は語彙が急に増える4歳，5歳のときこそ，面倒くさがらずに家事をしながらでも顔を合わせ，目を見ながら，対話できるチャンスです。「これ飲みたいの？」「これ何て言うんだっけ？」と言わせるくらいの関わりが以前はありましたが，今は，ツーと言えばカーで，やはり妙なお膳立てができていて，発語のチャンスを逆に奪う。つまり幼児期にふさわしい生活色が薄くなっています。

　そうかと思うと，子どもに「今日も仲良く遊んでおいで」と言って幼稚園に送り出すから，子どもは結果をつきつけられて戸惑う。仲良くするために遊びに行くという，成果主義ではないけれど，結論を前につきつけられて，子どもはプロセスを後から追いかけるんですね。答えをもらって模擬試験を受けに行くような，合理的なようで，育ちには不合理なマイナスの流れがあるように思います。

　つまり「急かす」のと同じです。もう行くところは決まっているわけだから，無駄をなくして事を進めるとか。これでは豊かさも何もあったものではないですね。

実際に急かすという行為は子どもに「考える時間を与えない」ことです。子どもは自分がどういう位置にいるのかもわからない。結局，言われるままに流れて，自己肯定感なんて生まれるのでしょうか。本来の発達と日常生活の連続性が相乗りしている状態で，今を生きている子どもたちには，社会のひずみが連鎖してしまう危険性が潜んでいます。

　一つひとつていねいに，主語があって述語があって，そして今度は形容できたり。まわりからの言葉のバックアップというのも必要です。そんなことを考えると，大人の責任として，私たちの何気ない言動こそ潜在的なものも含めて見直さなくてはならないでしょう。

　近頃，年長児あたりが，1週間が早いっていうようなことを言うんですよ。「本来，子どもは遊びに熱中すると，時の経つのも忘れる」と言われますが，それとは違った意味合いです。

　今の子は，熱中する時間は，幼稚園では保障されますが，家庭では十分ではない。まして，行事を前にしたりすると，結構子どももあおられちゃったりするところがあるのでは…。だから，子どもにとって主体的な活動が保障されているのではなくて，生活の中で常に早くこなすことを余儀なくされ，そんな背景のもとで生活がつながっているのだとすれば，やはり時間はあっという間に過ぎると思います。

　当然時間が早く感じる現象も，それぞれに違った背景があるわけです。

小池　年長さんの言う「1週間が早い」という言葉は，怖い言葉ですね。幼児の言う言葉ではなく大人や高齢者が使う言葉ですから。時間の感じ方が，最近の子どもたちは変わってきているのかもしれませんね。管理された時間の中でしか活動できない時代なのでしょうか。エンデの『モモ』の話はそういう意味で印象的です。

柳　軌道敷の上を歩かされるという，それに似た生活です。それこそ無味乾燥的な…。実は現場人の中にもマニュアルがないと不安で，常に上からの一声がないと自分から動けない人がいます。現場に出ると一目瞭然ですね。言われた専門的な流儀を忠実にこなすこととはまた違った，言わば創意工夫の能力など現場に出て得ることは数多くあるのですが…。

　だから今，もう少しプロセスというものを大事にする時間を作らないといけないのです。そうしなければ，どうしても成果主義的なことが抜けない。

小池　管理された時間の中で生きるということは，楽かもしれないけれど，ちょっと怖いことですよね。最近いわれている「マニュアル人間」というのがあてはまるようにも思います。言われたこと，予定されていることはできるけど，突発的なことが起きたりすると，反応できなくなるというのと似ていますね。本来，子どもって，何をするかわからないから，管理しようとしてきたと思うのですが…。

　ここで大切なことは，ある子どもが何かをしているとき，予定ではこちらに進むのだけど，予定通りに動かなかった場合に，どうするのかということだと思います。この分岐点でその子の行動をどのように見ているかという点が重要です。つまり，

分岐点を理解できて，その子はどうするのか，いくつかのシミュレーションを考えて，いずれの場合でも対応できるような見方を身に付けることでしょう。そのためには，たくさんの時間と経験が必要となるわけですよね。しかし，養成校の時間は少ない。これは幼児教育に関わる学生だけでなく，親にも言えることですね。

予定されている既知性の物事を与えるのではなく，蓋然性（がいぜんせい）の物事を与えることが大切なのだと思います。蓋然性の物事は，子どもの空想力を育んでいくと思います。夢といってもいいかもしれない。大人たちはあまり夢を見なくなって久しいでしょうが，子どもたちにはしっかりと夢を見させてやって欲しいと思います。

柳　繰り返しになりますが，意図的なものが強すぎるのではないでしょうか。保育の中で，子どもに選ばせるというところでは時間を費やさないで，コンピュータのように0（ゼロ）か1（いち）かを選択肢にしてしまうことが横行していますね。

子どもが，多くの情報の中から自ら考えて選ぼうとしても，そこに速さが要求されてくる。本来そこで，じっくりと時間をかけ（待ちの保育と言われるもので）バランス感覚の養成と考えて，失敗してもいいからやらせてみるという，一度は子どもに選ばせるという場面が少ないように感じます。

これは，葛藤体験かもしれませんけれども，つまずきも含めて，この豊かさをたくさんさせたいですね。葛藤といっても悪いことばかりではないですから。良いことの中から，自分により接近要素の強いほうを選ぶという葛藤体験だってもっとあってもいいと思います。規制緩和の時代でありながら縛りが強いのかもしれません。何か切り捨てなくちゃならないという，もどかしさや微妙な価値判断が伴うものや善悪の判断は，簡単には身に付かないですよ。

先生に言われたからこれが善で，悪でというのではなくて，やはり自分としてどうなのか。それを考える時間こそ「隠された豊かさ」ではないでしょうか。しかしそのためには，教職員，特に若い先生たちは自分の生活時間を使わなければならないわけです。つまり，ここで時間を費やすということが難しいし，逆に何か，用意周到にこっちを選ばせてやろうか風な仕掛け保育みたいのを準備してしまうんですね。

時間をおいて考えてみたら，「これいらなかったね」という過剰な部分もでてきます。社会全般から見ると，保育所・幼稚園というところは，子どもたちにとってはまだいくらか時間がゆるやかに流れているかなと感じますけど，社会全体がゆっくりだったら，先生もゆっくりできるんですけれど…。

5.「遊び」の位置づけ

小池　子どもたちの遊び場がないことも大きな問題だと思います。保育所・幼稚園の園庭や小学校の校庭は，開放してほしいと思います。子どもたちだけでなく，高齢者の方などにも開放して，そこに一緒にいるということが大切だと思います。子ども

たちが危険にさらされるのは，一緒に存在するということがなくなってきているからではないでしょうか。

柳　今，家庭・園・地域で形成する三角形において，地域社会での役割が園の中に取り込まれています。親が勤めているからという理由で預かり保育を受けている子だけではないんですよ。家へ帰っても遊び相手がいないから，何曜日くらいは○○ちゃんと幼稚園で思い切り夕方まで遊ぼうと計画して，預かり保育を利用する子もいるんです。

　知らないうちに遊び場が身近になくなってしまい，室内にこもる。また，安全性を考えて集団下校になってしまい道草を食うこともない。だから，保育所・幼稚園は，昔でいうなら田んぼや公園の部分を園庭に置き換えて地域社会の役割を担っているわけです。

　幼児期の遊びのとらえ方は，子どもの主体的な活動として，自主・自発のもと，やっていること自体を遊びとしてとらえようと定義しているのに，それとはやはり逆行している部分が多いようです。管理社会の要素を含んだ遊びが子どもを取り巻いているわけです。大人がよく使う「仕事」と対義での「遊び」がでてしまっていますね。

　こんな例があるんですよ。運動会の練習が続き，実際の運動会も終わって，もう緩やかに，あとは運動会ごっこでもして余韻を楽しもうというときに，園内をブラブラしてる子がいる。たまたま業務で訪れていたおじさんが「どうしたボクたち？今日は何して遊ぶんだ？」と問うと，「うん，運動会が終わってヒマになった。それでブラブラしてるの」と。またこんなやり取りもあります。「先生，今ボクたちこれをやってるよね。終わったら好きに遊んでもいいですか？」って。

　つまり，与えた教材で活動していれば遊んでいる状態かといえば，そうではないんです。先生に言われて皆で一緒に一斉にやるのは，やはり，単に折り紙であって，折り紙遊びじゃない。自分から先生の目を盗んで，折り紙の棚から金や銀の紙をそっと1枚持ってきて，くちゃくちゃにしてポケットに…。これこそスリルのある遊びかもしれない。

　これだけのはき違いがあるわけですね。園っていうのは，本来，子どもが来てから帰るまで，遊びで占められていいわけなのに，子どもの中で遊びが特別なものになってしまっている。これはどうにかしていかないといけない昨今の課題ですね。

　教育要領の中での遊びの位置づけがあっても，非常に限定されたとらえ方を感じる先生も多い。例えば，体育の先生が「綱をやるから縄跳びでもさせてくれ」と言っても，実習生は習ったことでしか対応できないから，子どもが無造作に引っぱりっこを始めようとしても，この自発的行為を認めないどころか「こんな狭いところでやってはいけない」と，逆に否定することで終わってしまったりする。もう揺らいでいますよ。先生としての立場はさておき，自分が「子どもと遊び」をとらえる立ち位置，つまりスタンスの問題をもう一度考えていかないと，本来目指す保育

ができてこないと思います。子どもがいなくてもできてしまう保育，保育者自らが満足しているだけのはき違えた充実感が横行しては困ります。

実際，運動会にしても練習は好んでしてはいないですね。ぶっつけ本番だって，たぶん楽しむだけならそう変わらないと思います。走り始めるまでの態勢作りだとか，繰り返ししてきた習慣づけが，観衆としての大人に感銘を与えるわけですが，遊びではなく仕事になってしまう要素がこんなところにもあるわけです。

小池　「遊び」という概念も考え直したほうがいいのかもしれませんね。「遊び」と「ゲーム」は同じではないということを。確かに「ゲーム」は「遊び」の一部ですが，すべてではない。「遊び」の概念はもっと広いものです。「仕事」と対比して考えるとわかりやすいと思います。だから，子どもにとって「運動会」は遊びではなく「仕事」，だから「練習が終わったら遊びに行っていい？」という言葉が出てくる。子どもに関わる仕事をする人たちには，こういう言葉をしっかりと受けとめられるような感性を身に付けて欲しいものです。

6. めやすとゆとり

柳　遊びをとらえる感性といっても，そこには発達を連動させてもらいたいですね。幅をもったとらえ方でいいから，最低限の発達の特性をつかんでおいて楽しさを実現してもらいたい。ただ，「年長だからこういうふうにできなくてはいけないんだよ」っていうとらえ方が実際には多いですね。

特性はあくまでも，「めやす」としてでいいと思いますが…。

小池　「めやす」「適当」という言葉は，とても大切だと思います。「いい加減」とか「大雑把」という意味ではなく，「適度な良さ」とか「適切さ」という意味で使っていってほしい。発達には幅があるということを教えるためには，使いやすいしわかりやすい言葉だと思います。

柳　当然，幅があってね。それも相当広い。だから環境だって，一つ用意すれば皆が同じ目的で遊ぶとは限らないし，人それぞれ違うからこそ，教育要領で示す「適当な環境」なんです。「適当」って言葉を使うと「先生，適当っていうのは，テキトーでいいっていう意味じゃないんですか？」と聞かれますが，幅をもたせることであり，大雑把の意味ではないのです。

幼児の集団において，一つの教具でだれもが自己充実したいがために画一的に遊んでいるわけではありません。そういうことで，保育者は逆に，100通りも200通りも，子どもに応じた目的を用意して見てやらなければダメなんだよっていうのが，やはり，架空の話的に，あらゆる可能性を想定していくと適当がふさわしいものになってしまうんですね。「想定外」が起こることも想定していく。

フレキシブルなんですよね。リーズナブルとか…臨機応変とかね。

　　　　家庭と違って集団で育ち合うことを前提にしながらも，つい周囲と比べてしまい，なかなか客観的にわが子の現状を絶対評価してやることが不得意なのも親であるようです。ある意味，灯台もと暗し的な…。だから，「適当」ということを，家庭にもしっかり学んでもらいたいと思います。

小池　言葉を定義しておくのは，共通理解のために必要なことだし，言葉をキチンと使う癖をつけるために必要だと思います。何となく理解できるからOKではいけない。養育者や保育・幼児教育に関わる人も含めて大人たちがキチンとした言葉を使わなければ，子どもたちには伝わらないし，子どもたちも言葉を使わないし，使えなくなってくると思います。語彙力も含めて大切だと思います。

柳　理屈っぽいようですが，次から次へ言葉で自分をふくらませて自分で納得できる子というのは，むやみに手や足が出るということが少ないですね。思考によって自分の中をどんどん広げられるのです。

　　一方，言葉では，あるところまでで行き詰ってしまう子というのは，結局，動作や身ぶりで表現するしかないんです。人に危害を与える子もいますね。考え方を変えると，何か欠けていると思われる場合も，言葉の力と表出方法に関係していると思います。やはり，幼児期は，言葉の面でも語彙力が一番増えるだけでなく，徹底的に言葉を通して付き合う機会，さまざまな要素が未分化だからこそ，柔軟に対応してあげられる，鍛える前のほぐす時期ととれます。だから言葉を獲得していくプロセスこそ大切だと思うのです。

7. 生活の連続性と学びの連続性

小池　先ほどの話の中にでてきた生活の連続性と学びの連続性について，お話しいただきたいのですが…。

柳　連続性というのは，「つながる」とか「つながり」ということで，先生の中につなげる力がなければいけないと思うのです。つまり，例えば私的な旅行や買い物をしたことが，どこか子どもを取り巻く世界や保育という仕事のことと結びつけられるかどうか，自分の中で関係性が作れるかどうかということです。ただ，現場に入ってしまうと業務の幅が広すぎて，どこをどうつなげていいのかもわからない。どこがどことリンクしていくかも見通しが立たない。

　　以前からよくカウンセリングマインドと呼ばれる内面理解，要するに，カウンセリングの手法や心構えを保育に役立てる研究が盛んに行われてきました。子どもたちがクライエントで保育者がカウンセラーの立場だとすれば，そうしたやり方で子どもの内面を理解していこうというのが，今，同僚同士であったり，保護者に対してであったりします。カウンセリングマインドという言葉自体，生活や人間関係において今はもうあって当たり前です。自分を律し和らげる中にもカウンセリングマ

インドが浸透しています。まして言葉などによる力関係を調整するのが保育者の仕事であるなら，そうした関係性を気遣えるモデルとしてふさわしい教員や保育者が求められてきます。実際に現場の先生は，自分の中の関係性も自ら調整していくわけですから，自己肯定感の度量が保育や生活の質を形づくっていくのです。

　だから仕事とガス抜きがうまくいかないと，今度は保育者自身がすぐ疲れてしまう。ふらふらな精神状態で保育している実情は多いですね。理論を学んできた自分は専門職だという職業意識，これがないと理論と実践を結ぶための専門性が発揮できない。つまり，「つながりがもちにくい」ことになってしまいます。まずはじっくり経験を積んで，生活に豊かさを感じる自分作りに尽きるでしょう。

　現場の職員研修でも，「ていねいさ」を話題にあげる機会がよくあります。何でもかんでもお膳立てして，子どもの思いが叶いやすい方向にするのが，ていねいなのかというと，そうでもない。子どもが夢中になってやっていることを注視してみると，先生の準備が十分でなかったもので思いもよらずかえってよく遊んでいたりします。「先生，これ欲しい」とか，本当の意味での必要感がはっきり見えてくる。むしろ，環境が適当であるからこそ，自分の着眼点と違った子どもとのズレを発見できる場であったりするのでしょう。すぐ，自分の保育を省察できたり，自分の中に取り入れられる…，フレキシブルさがここでも求められます。

　ていねいな保育は，見通しを立てた生活の中で自分を見直す姿勢，あとはその瞬間に「私はこれでいいのか」という省察（自分の中にメスを入れる）をしながら，次の保育につなげる営みではないでしょうか。

小池　「ていねいな保育」とは，当たり前のようだけど，「子どもたちのための保育」だと思います。子どもたちがあって，子どもたちが楽しめる時間を作るということ。大人たちが「子どものために」というのは，大人の自己満足が多くて，本当に子どもたちが喜んでいるのかわからない。

　「私がやりたい」というのは，「やってあげたい」ということで，半分押しつけだと思います。子どもたち自身がやりたい，楽しいと思うこととは別物だと思います。

　子どもの目線というのはこういうことではないかと思います。「ゆとり教育」の問題は，ここにあると思うのですけれど…。

柳　保育の流れからしても，教育課程があって，実践があって，評価があって，環境の再構成があって，またぐるぐる回る循環ですが，結局，いつもプランから始まるわけではないですし，一斉にアクションを起こすということでもない。ただ目の前にあるここからのスタートだということを考えれば，視点を子どもに置くことです。ここから視点が外れると，活動の選択すら誤ってしまう場合があります。だからこそ，保育者主導型にならないための，子どもを見ていく力，これを見失わないことですね。「私が，私が」とか「先生はね」っていう言い方，これは，まず自分から遠ざけたほうがいいです。逆に，「少しでも子ども側に近づきたい」と，あくまで子どもの援助者になりきっていれば，子どものほうから「先生！」って慕って

きたりしますね。子どもはだれか支えがいなくてはというときに、必ず声をかけてくるし、呼びにきてくれます。そういうとき、ていねいさというのは、自分がやってきたプロセスが一つの実を結ぶ実感の中にある、そんな気がします。

8. 保育と遊び

小池 子どもたちにすべてを任せずに、大人たちが手を入れてさせなければならないことも多くありますが、何回かに1度か2度は、子どもたちに自由にさせることで、自主性というのは生まれてくると思います。だから、実習では「子どもと遊ぶ」のではなく、「子どもに遊ばれる」ことが大切です。主体が子どもにあれば、子どもが遊ぶのであって、学生が遊ぶのではないということです。

柳 何かを与えるとか植え付けようなんて思ったら、幼児に対しては不適切ですね。やはり引き出すということを自分の中に常にかかげ、そこを出発点にしていくことが必要です。子どもから引き出すという役割に徹することが大切です。

　子どもは、わざわざ先生のために園に遊びにきているわけではないですし、もともと子どもは遊びが仕事。報酬（褒められたりおだてられたり）があるから遊ぶわけではない。他人のためになんか子どもは遊びません。自分が楽しいから遊ぶのだし、チャイムが鳴ったから、先生が「お片付け」と言ったからやめるのでもない。自分の納得に基づいて終結させているわけですから、一旦はやめても、子どもっていうのは、遊び続けたければ、片付けないし作ったものは壊さないですよね。

小池「遊び」に関して考えていくと、学生をどう育成していくのかということの答えがあると思います。意識の変革あるいは考え方の変革だと思います。子どもを保育・教育するのではなく、子どもと一緒に成長するとか育つという見方だと思います。親も同じかもしれませんね。

9. 子育てと自分の関わり

小池 よく言われている「親として成長する」ということは、子どもと一緒に育つことだと思います。そして、子育ては子どもごとに違っていて大変です。第1子、第2子、第3子それぞれ違うし、力の入れ方も違います。その大変さが面白いわけだし、当然なことだけど、そこがなかなか理解されていないように思います。その見方・考え方が大切です。

　発達心理学を学ぶうえで大切なこと、平たくいえば、人を保育・教育するうえで大切なことは、「自分の過去を振り返ること」だと思います。自分の育てられ方や経験を一度見直してみることによって、育てる子どもたちがどう思っているのか、

考えているのか，感じているのかが，多少なりともわかると思います。そこで子どもたちにどのように対応するのか，すればいいのかがわかってくるはずです。

柳 子どもが3人いれば，3人の親である立場というのを私たちは十分考えます。「あ，そこはウチはね，長男のときに経験しているから，三男はいいわ」では，お母さん業は成り立たない。同じ所へ親子遠足に行っても，今日っていうこの日は3番目の子とあなたの関係だから，あなたはしっかり，この3番目の子の親業をやってくださいね，と言いたい。

親としての「手抜き＝子どもの主体性を育むゆとり」ですね。長男・長女（第1子）を育てたときと，親の関わり方や力の入れ方は変わります。よく言われる「手抜き」と「任せる」ということが，一見同じに見えますが，子どもを3人以上育てていると，違いがわかる親御さんがたくさんいます。3番目っていうのは，割と神経質でもなく，うまくやる。これは実践面から見ても，まさに「適当な環境」との関わりです。親の立ち位置として，かなりの部分を本人や上のきょうだいに任せてみる醍醐味など，理想的な子ども主体の態勢が整っていたりします。3番目にはそういう特性がありますよね。

3番目の子は要領いいですよね。上を見て育っているから，ある意味，合理性が育っている。これは教えごとではない影の力ですね。その子が，見て学んでいく姿。これはやはり大切です（能動的な学習そのもの）。環境が育てる部分でもあります。それが園の文化を作っていたりもします。保育者とか親は，表面に出さなくてもどこか一部で意識していると良いほうに伸ばせるのではないでしょうか。ピグマリオンの法則みたいなものですね。先ほどの「適当な環境」ではないですが，やはり「幅」の中で生きているから，そのニュアンスを体や知覚として焼き付けてるんですね。次第に本人の持ち味として形となっていくのだと思います。

自由保育という言葉がありますが，子どもたちを群れに例えて放牧なんていう言葉も耳にします。例えば，50年前の園庭で遊ぶ子どもたちの写真がここにあります。先生はどこかと探しても近くに見当たらない。急な梯子で上までいく滑り台，そこの梯子にぎっしり子どもが群がって順番を待っている。でも後ろから押すような子はいない。自分の順番がくるまで一つひとつ梯子を上る。片やブランコを見ると，勢いよすぎて横の支柱より高いところまで足が超えている。そのまま一回転してしまうのではないかと思うんだけど，やっぱり先生はその場に見当たらない。今だったら安全管理の面でも問題ありとされてしまう写真です。

しかし，「見えない先生の存在」がいたるところにある。必ずどこかで見ているのです。子どもにとって放牧の中でも，やはり方向づけはされているから，どこかでやはり灯台としての先生は光っているし…。こういう距離感っていうのは非常に大切かなって感じます。

小池 「見守る」というのは，物理的な距離と精神的な距離をどのように測って対応するのかがわからないとできないのかもしれません。この2つの距離感というのは，

一朝一夕にできるものではないから難しい。さらにいろいろな経験も必要となるし。

10. 言葉の大切さ

柳　よく実習生（若いお姉さん先生）が来ると，子どもは新しいもの好きですし，先生が言ったとおりに遊んでくれるかもしれないという期待感が，はかり知れないほど大きいですね。

　それで，「ねぇねぇ，こっちで遊ぼう」「こっちへおいで」って両方から引っ張られる。「先に来た〇〇ちゃんと遊ぶから，□□ちゃん，ちょっと待っててね」なんて言っても，子どもは待ってはくれないですからね。「じゃあいいよ」ってどこかへ行ってしまう。それで再びさっきの子のところへ戻ろうとしても，もうその子はほかの子と遊んでいるとかね。

　とにかく，子どもというのは，嘘でもいいから，「いいよ。でも困っちゃうな，両方から引っ張られて。手が抜けちゃいそう」とか，遊び心，ユーモアを介しての行動が必要です。ここで大人が大人ぶってはいけないという場面が，相当あると思います。子どもは，楽しいことを求めてきたら，もう，見境ないですからね。

　そして，言葉のやりとりは，簡略化してはだめですね。信頼関係があったうえでの，例えば，結束の強い夫婦間で「おーい」って言えば，決まった熱さで相手の嗜好にぴったり合ったお茶が出てくるというような場合は，それでいいかもしれない。ただやはり，子どもとの関係というのは，そういう慣れっこにはならないほうがいいのではないでしょうか。

小池　学生にも，一語文はあくまでも乳児期でのことであり，大人たち，特に保育者は，キチンと言葉を使っていくことを教えるのだから，意地悪く聞こえるかもしれないけれど，一語文の後にくる言葉を発するよう仕向けることが必要なのだとよく言います。

柳　ましてやちょっと障害のある子どもには，そうしたやり取りを意識しないといけない場合もあるわけです。目先の行動をどうすればいいのかというやり取りとして…。その子が困らないで生活できる，保護者の働きかけですね。

　そうした言葉からの距離感，普段の姿勢での距離感，気持ちのうえからの距離感，ちょっと距離は置いてもあの子と私はすごい近いところにあるかもしれないという距離感，これらはやはり，つかみ取るまで一人ひとりとじっくり関わるということであり，実現していくにはある程度の期間を要します。

小池　そこには，必ず言葉が介在しますよね。だからこそ言葉をしっかりと身に付けさせることが必要になるわけですよね。

柳　絶対に必要だと思います。保育者は子どもと子どもの間に入ったときに，仲介役としての大切なカウンセラー的な仕事もあるわけです。

オウム返しで，事がうまくまとまってしまう場合もあります。本人に自覚化させるとかですね。言葉のやり取りは，ていねいに関わることによって人間関係での気づきが生まれます。それをまたモデルとして，その状況作りを子どもは覚えていき応用しますね。

小池　「見守る」ことに関しても，言葉が大きな影響を及ぼしていると思います。自分が言いたい言葉，相手が言いたい言葉，いろいろな言葉を使っていろいろな経験をする。コミュニケーションの基本となる言葉が態度を作っていくのです。

柳　子どもは数限りある言葉を駆使して，自分の爆発しそうな思いを一言に託すからすごいんですよ。当然，矛盾も生じますが，文脈理解とかそういうものでなく，そこから出る面白さ……。例えば二言，三言の間に，四語目を，担任がどうやって返すかで，また一つ豊かになるという関わり。これこそ，教科書からは学べない，幼稚園に教科書がなくてよかったなという，保育実践におけるダイナミックさですね。

　だからホントに，言葉の技術をどうこうではなく，技術を使う前の，その言葉と背景との関わりをどうもつかということ自体に，信頼関係のポイントが含まれるべきだと思います。

小池　乳児期から幼児期にかけてスキンシップが大切なことは，十分に言われています。愛着の問題を考えれば当然なわけですが，言葉を覚え始めた子どもたちにさらに大切なものとして，「言葉がけ」があると思います。スキンシップが「物理的な距離感」を培うとしたら，言葉は「精神的な距離感」を培うものかもしれません。その言葉によってさまざまな側面の発達が促されていくと考えると，子どもたちの問題もわかってくるように思えますね。

柳　若い人たちだけでなく大人たちもが，何でもかんでも，「かわいー」と言いますね。私はもっといろいろな言葉が自然に出てもいいと思うのですが，やはり言葉が安易なツールとして偏ってきた一つの証かなと常々思っています。

　子どもに視点を置くこと，何事もそこから始めてもらいたい。そして最後には，子どもは子どもであって，大人のミニチュアではなくて，等身大の「子ども」であるということをさまざまな角度から意識し，完成された子どもを願って生活を組み立てていかなければなりませんね。

小池　ただ話しかければいいというものではなく，キャッチボールであることを十分に理解しておく必要もあります。乳児期から幼児前期では，養育者や保育者たちもわかっているとは思いますが，幼児後期から児童期にかけても同じだということも理解したうえで対応できるようになってほしいと思います。

　そろそろ予定の時間になりますので，最後に，先生のほうから，話し足りなかったことなどがありましたら，お願いいたします。

11. これからの幼児教育

柳 今や教育評価から保護者アンケートに至るまで，モニタリングや公聴の機会が通常保育にかぶさってきていますね。園の運営では保護者からの評価はもちろんですが，いざというときの相談ごとにどう対処するか，子どもが楽しい園生活をどうとらえているか，友だちとの会話や生活への取り組み具合を常に記録しておいて，必要なときにいつでもひもとけるようでなくてはなりませんね。総合的判断が求められますから，その道で自分が行き詰ったり，「たいへんだ，何で私はこの道を選んでしまったんだろう」と思ったときこそ，自分に帰属した総合力が活かされたり，裏を返せば専門性が一番実感できるときだと思います。

　支援を必要としている子への対応は，幼児期においては決して特別なものではありません。小児科医や臨床心理士ばかりが特別な支援を担う立場であって，一般の幼児教育や保育に携わる者は「自分たちは専門家ではない」と思い込んでいる先生が多く見受けられます。コンサルテーションという言葉や制度が独り歩きしないような，専門性の連携が求められます。医療や心理の立場から見れば幼稚園教諭や保育士も専門職に変わりありません。職の領域を超えた部分での支え合いや方法・技術の磨き合いこそ，子どもにとって必要悪にならないよう配慮すべきでしょう。長い間これは叫ばれていながら実現できにくいことになっていますね。

　特に子どもの発達と園生活での変容ぶりこそ，親や専門機関とは違った側面からとらえていく必要があります。まさにプロセスをつなげてきた専門性みたいなものが保育者であるわけです。入園時期と小学校入学を間近に控えた修了時期での変化（入口と出口での違い）はあって当たり前ですから，どんな親もわが子を前にして実感できるわけです。むしろ，私たちが現場で担う途中での出来事や，苦労，手間暇をかけてきた証があってこそ専門性は評価されるべきでしょう。

索 引

【あ行】

愛着	24
アイデンティティ	73,82
アイデンティティの確立	73
悪影響	13
預かり保育の活動内容	127
アスペルガー症候群	95
遊びの発達	51
安定した愛着	25
家からの巣立ち	76
いじめ	67,68
依存	24
一語発話	23
一語文	23
一次的言葉	47
色の知覚	31
運動機能の発達	17,30,42
AD/HD	96
AD/HDの理解	96
LD	97
延滞模倣	37
エントレインメント	23
幼い子どものいる家族	78
親の役割	124
音楽表現の発達	46

【か・き】

外言	47
カウンセリング	107
カウンセリングマインド	92,106,108
学習	2
学習障害	69,97
家族ライフサイクル	77
学級集団生活	61
葛藤	114
かわいらしさ	14
感覚運動的思考	59
カンガルーケア	28
感情の分化	18
聴く	108
気になる大人	89
気になる子ども	88,90,93
機能差	4
基本的運動	42
教育相談	105,109
鏡映像	21
共感覚	33
共感的理解	107,109
教師のタイプ	85
共同注意	22

【く・け・こ】

クーイング	23
形式的操作期	61
傾聴	108,111
言語の発達	123
原始反射	17
語彙	34
攻撃性	123
行動調整機能	48
広汎性発達障害	68
心の理論	50
個人差	4
子育て支援としてのメディア	127
個体発生的立場	2
ごっこ遊び	46
言葉の機能	47
言葉の発達	22,33,46
子どもの巣立ち	79
子どもの発達	123
子ども理解	86
コミュニケーションの発達	46

【さ・し】

三項関係	22
視覚障害	99
視覚的断崖	19,20
視覚的な生活者	96
視覚の発達	15
自我の発達	37
自我の芽生え	38
時間の知覚	32
自己一致	107
思考の道具	47
自己主張	39,51
自己制御機能	51,52
自己中心語	47
自己中心性	49
自己認知	20
自己の発達	20
自己抑制	51
自尊感情	53
肢体不自由	100
児童期	55
児童期の問題	65
自発的微笑	18
自閉症	95
自閉症児の理解	95
社会性	61
社会性の発達	51
社会的参照	19,20
社会的微笑	19
ジャルゴン	23
就学相談	106
出産	14
受容	107,109
小1プロブレム	56
障害理解	104
小学校教育	56
象徴遊び	46
情報化社会	119
初期経験	10
職業意識	74
職業意識の変容プロセス	74
職場の人間関係	87
自立活動	101
身体の発達	29,41,57
信頼関係	108
心理的危機	64

【す・せ・そ】

随意運動	17
スキャモンの発達曲線	30
図と地の未分化	33
ストレス	14,85,87,90
スマーティーズ課題	50,51

成熟	2	
成人期	75,76	
成長	1	
青年期	73	
青年期の子どもをもつ家族	79	
相互関連性	3	
相互作用説	5	
相貌的知覚	33	
粗大運動	30,31,42,43	

【た行】

第一次質問期	46
胎芽期	11
胎児期	12
対処療法的指導	86
対人相互関係	87
胎生期	11
第二次質問期	46
第二次性徴期	63
知覚の発達	31
知的障害	98
知的リアリズム	45
注意欠陥・多動性障害	96
注視	25
中心化	60
聴覚・言語障害	100
聴覚の発達	16
長時間視聴	124
調整運動	42
直観的思考	48,60
釣り合いの変化	2
テレビゲーム	121,122,123
テレビの視聴状況	119
統合	3
頭足人	45
特別支援学校	101
特別支援教育	101

【な行】

内言	47
内部障害	101
仲間意識	62
なぐり描き	44
喃語	23,25
二語文	24,34
二次的言葉	47
乳児の視覚能力	16
乳幼児のテレビ・ビデオ視聴	125
認知の特徴	48

【は・ひ】

バーンアウト	85
発達	1
発達課題	6,8,63,64,65
発達障害	93
発達障害の支援	94
発達障害の理解	94
発達段階	5,6,36,60
発達的悪循環	25
発達の概念	1
発達の原理	3
発達の要因	4
発達評価	7
発達理解	7
発達理論	63,73
話し言葉の発達	34
反抗期	39
ハンドリガード	20
微細運動	31,42,43
微笑	18,25
人との関わり	24
ひとり遊び	86
描画の発達段階	44
表象機能	37,46
表象的思考	59

【ふ・へ・ほ】

夫婦	76,78
夫婦間の葛藤	79
不登校	66,67
分化	1,3
変容	1
保育現場におけるメディア	126
保育士のストレス	85
保育者	109
保育者の資質	83
保育者の質	90
保育者のタイプ	84
保育所保育指針	83
保育の悩み	86
保護者	110
保護者との信頼関係	113
保護者の不安	114
保存の概念	49

【ま行】

マザリーズ	17
見立て遊び	37
無条件の肯定的尊重	107
メディア	119,121,125
メディアとの関わり	123
面談	114
物の永続性	21,22

【や行】

役割意識	63
夜尿症	71
幼児音	35
幼児後期	41
幼児前期	29
幼稚園教諭	109

【ら行】

ラポール	107,109
卵体期	11
量の変化	2
連携	57,114
連続性	3
老年期	80
老年期の家族	80

〔編著者〕　　　　　　　　　　　　　　　　　　　　　　　　（執筆分担）

小池庸生（こいけのぶお）	育英短期大学教授	第1，11章
藤野信行（ふじののぶゆき）	NPO法人 親子ふれあい教育研究所代表理事 元星美学園短期大学教授	第7，8章

〔著　者〕（執筆順）

松田侑子（まつだゆうこ）	弘前大学医学部准教授	第2章
井出麻里子（いでまりこ）	星美学園短期大学教授	第3，8章
佐野智子（さのともこ）	城西国際大学福祉総合学部教授	第4章
河野千佳（こうのちか）	日本大学文学部准教授	第5，9章
丸林さちや（まるばやし）	東京教育専門学校専任講師	第6章
荒牧美佐子（あらまきみさこ）	目白大学人間学部准教授	第10章
柳　晋（やなぎすすむ）	学校法人柳学園富士見幼稚園理事長・園長 育英短期大学教授	第11章

（イラスト：利根美幸（とねみゆき））

幼児教育と保育のための発達心理学

2012年（平成24年）4月25日　初版発行
2021年（令和3年）5月31日　第5刷発行

編著者　小　池　庸　生
　　　　藤　野　信　行
発行者　筑　紫　和　男
発行所　株式会社 建 帛 社　KENPAKUSHA

〒112-0011　東京都文京区千石4丁目2番15号
TEL（03）3944-2611
FAX（03）3946-4377
https://www.kenpakusha.co.jp/

ISBN 978-4-7679-5000-6　C3037　　　　　　　中和印刷／常川製本
©小池庸生，藤野信行ほか，2012　　　　　　　Printed in Japan

本書の複製権・翻訳権・上映権・公衆送信権等は株式会社建帛社が保有します。
JCOPY　〈出版者著作権管理機構　委託出版物〉
本書の無断複写は著作権法上での例外を除き禁じられています。複製される場合は，そのつど事前に，出版者著作権管理機構（TEL 03-5244-5088，FAX 03-5244-5089，e-mail：info@jcopy.or.jp）の許諾を得て下さい。